**New Collection 18**

중학교 영어로 다시 읽는 세계명작
# 파랑새

*The Blue Bird*

Maurice Maeterlinck 원작
넥서스콘텐츠개발팀 엮음

**넥서스**

**중학교 영어로 다시 읽는 세계명작**
New Collection 18
**파랑새**

원　작 Maurice Maeterlinck
엮은이 넥서스콘텐츠개발팀
펴낸이 안용백
펴낸곳 (주)넥서스

초판 1쇄 인쇄 2012년 7월 15일
초판 1쇄 발행 2012년 7월 20일

출판신고 1992년 4월 3일 제311-2002-2호
121-840 서울시 마포구 서교동 394-2
Tel (02)330-5500 Fax (02)330-5555

ISBN　978-89-5994-375-3　14740
ISBN　978-89-5797-467-4　14740 (세트)

저자와 출판사의 허락없이 내용의 일부를
인용하거나 발췌하는 것을 금합니다.

가격은 뒤표지에 있습니다.
잘못 만들어진 책은 구입처에서 바꾸어 드립니다.

**www.nexusbook.com**

# 머리말

어릴 적 즐겨 읽었던 『이상한 나라의 앨리스』나 『작은 아씨들』을 이제 영어로 만나 보세요. 지난날 우리들을 설레게 했던 명작들을 영어로 읽어봄으로써, 우리말로는 느끼지 못했던 또 다른 재미와 감동을 느낄 수 있습니다. 또한 친숙한 이야기를 영어로 바꿔 읽는 것은 그 어느 학습 자료보다도 효과적입니다. 자신이 알고 있는 이야기를 떠올리며 앞으로 전개될 내용을 상상하며 읽어 나가면, 낯선 내용을 읽을 때만큼 어렵거나 부담스럽지 않기 때문입니다.

『중학교·고등학교 영어로 다시 읽는 세계명작 시리즈 New Collection』은 기존에 나와 있는 명작 시리즈와는 달리, 소설책을 읽듯 추억과 감동에 빠져들 수 있도록 원서의 느낌을 최대한 살렸습니다. 또한, 영한 대역 스타일을 탈피하여 우리말 번역을 권말에 배치함으로써 독자 여러분이 스스로 이야기를 이해하는 연습을 할 수 있도록 하였습니다. 더불어 원어민 성우들이 정확한 발음과 풍부한 감성으로 녹음한 MP3 파일은 눈과 귀로 벅찬 감동을 동시에 경험하며, 최대의 학습 효과를 얻을 수 있도록 제작되었습니다.

'순수하고 가슴 뭉클한 그 무엇'이 절실한 요즘, 주옥같은 세계명작을 다시금 읽으며 잠시나마 마음의 여유를 갖고 영어소설이 주는 감동에 빠져 보세요.

넥서스콘텐츠개발팀

# 이 시리즈의 특징

### 1  읽기 쉬운 영어로 Rewriting
한국인이 가장 좋아하는 세계명작만을 엄선하여, 원문을 최대한 살리면서 중고등학교 수준의 쉬운 영어로 각색하였다. 『중학교 영어로 다시 읽는 세계명작 시리즈 New Collection』은 1,000단어, 『고등학교 영어로 다시 읽는 세계명작 시리즈 New Collection』은 2,000단어 수준으로 각색하고, 어려운 어휘는 별도로 설명하여 사전 없이도 읽을 수 있다.

### 2  학습 효과를 배가시키는 Summary
각 STORY 및 SCENE이 시작될 때마다 우리말 요약을 제시하여 내용을 추측하면서 읽을 수 있기 때문에, 원서의 부담을 덜면서 더 큰 학습 효과를 얻을 수 있다.

### 3  학습용 MP3 파일
전문 원어민 성우들의 실감나는 연기가 담긴 MP3 파일을 들으면서, 읽기와 함께 듣기 및 말하기까지 연습할 수 있다.

### 4  독자를 고려한 최적의 디자인
한 손에 쏙 들어오는 판형, 읽기 편한 서체와 크기 등 독자가 언제 어디서나 오랜 시간 즐겁게 읽을 수 있도록 최상의 편집 체제와 세련된 디자인으로 가독성을 높였다.

## 추 천 리 딩 가 이 드

*step 1*  **청해**  들으면서 의미 추측하기
책을 읽기에 앞서 MP3 파일을 들으며 이야기의 내용을 추측해 본다.

*step 2*  **속독**  빨리 읽으면서 의미 추측하기
STORY 및 SCENE의 영문 제목과 우리말 요약을 읽은 다음, 본문을 읽으면서 혼자 힘으로 뜻을 파악해 본다. 모르는 단어나 문장이 나와도 멈추지 말고 전체적인 흐름을 파악하는 데 주력한다.

*step 3*  **정독**  정확히 읽으면서 의미 파악하기
어구 풀이와 권말 번역을 참고하면서 정확한 의미를 파악한다.

*step 4*  **낭독**  소리 내어 읽으면서 소리와 친해지기
단어와 단어가 연결될 때 나타나는 발음 현상과 속도 등에 유의하면서 큰 소리로 또박또박 읽어 본다.

*step 5*  **섀도잉**  따라 말하면서 회화 연습하기
MP3 파일을 들으며 원어민의 말을 한 박자 늦게 돌림노래 부르듯 따라 말하면서, 속도감과 발음 등 회화에 효과적인 훈련을 한다.

# 이 시리즈의 구성

## 우리말 Summary

이야기를 읽기 전에 내용을 짐작해 봄으로써, 편안한 마음으로 읽을 수 있도록 우리말 요약문을 제시하였다. 이를 힌트 삼아 보다 효과적인 내용 이해가 가능할 것이다.

## 영문

부담스러워 보이지 않고 편안하게 술술 읽히도록 서체와 크기, 간격 등을 최적의 체제로 편집하였다.

## 어구 풀이

이야기를 이해하는 데 도움이 되도록 어려운 어구를 순서대로 정리하였다. 이야기에 사용되는 의미를 우선순위로 하였으나, 2차적 의미가 중요하거나 불규칙 활용을 하는 경우도 함께 다뤄주어, 보다 풍부한 어구 학습이 되도록 배려하였다.

**우리말 번역**

문장 구성과 어구의 쓰임을 효율적으로 학습할 수 있도록 직역을 기본으로 하여 번역하였다. 가능하면 번역에 의존하지 말고 영문과 어구만으로 이야기를 이해하도록 하며, 번역은 참고만 하도록 한다.

**페이지 표시**

영문을 읽다가 해결되지 않는 부분이 있을 때 그에 대응하는 번역 부분을 손쉽게 찾을 수 있도록 해당 영문 페이지의 번호를 표시해 놓았다.

# MP3 파일
## www.nexusbook.com에서 다운로드

전문 원어민 성우들의 생생한 연기를 귀로 들으며, 바로 옆에서 누군가가 동화책을 읽어주는 것처럼 더욱 흥미롭고 효과적으로 학습할 수 있다.

# 저자 소개

모리스 마테를링크(Maurice Maeterlinck, 1862~1949)는 벨기에의 부유한 프랑스계 집안에서 태어났다. 대학에서는 법률을 공부했지만 프랑스의 파리로 건너가서 빌리에 드 릴라당을 만나 신비와 운명, 현세와 이승에 눈을 뜨게 되고, 이때부터 본격적인 작가의 길로 들어섰다. 그 후 14세기 플랑드르 출신의 신비주의자인 뤼스브루크와 독일 낭만주의 시인이자 상징주의의 선구자인 노발리스에도 관심을 가져 이들의 작품을 번역하기도 했다.

1886년 3월, 그는 파리에서 만난 젊은 시인들과 잡지 「라 플레이아드」를 창간했고, 1889년에는 자신의 첫 희곡 「왕녀 발렌느」를 발표했다. 1896년에는 수필집 「빈자의 보물」을 발표했고, 1908년에는 「파랑새」가 연극으로 상연되면서 알려지게 되었는데, 이 작품은 그가 가장 큰 성공을 거둔 작품이자 그의 작품 중 가장 널리 알려진 작품이기도 하다. 또한 1911년에는 노벨문학상을 수상하여 작가로서 성공한 삶에 정점을 찍었다.

그 외 주요 작품으로는 「침입자(1890)」, 「맹인들(1890)」, 「7명의 병든 왕녀(1891)」, 「펠리아스와 멜리장드(1892)」, 「알라딘과 팔로미드(1894)」, 「실내(1894)」, 「틴타질르의 죽음(1894)」 등이 있고, 독자적인 자연 관찰을 바탕으로 한 「꿀벌의 생활(1901)」, 「꽃의 지혜(1907)」, 「개미의 생활(1930)」 등의 저서도 있다.

# 작품 소개

틸틸과 미틸은 가난하지만 성격이 밝고 용감한 남매이다. 어느 크리스마스 전날 밤, 남매는 갑자기 찾아온 요정 베릴룬에게서 자신의 아픈 딸을 위해 파랑새를 찾아 달라는 부탁을 받는다. 남매는 빛의 정령의 인도를 받아 개와 고양이와 빵, 설탕, 물, 불 등의 물건의 정령들의 도움을 받아 파랑새를 찾아 1년 동안 모험을 떠나고, 마지막에는 행복이 멀리 있는 것이 아니라 자신의 가장 가까운 곳에 있는 것임을 깨닫는다.

마테를링크의 작품의 공통된 특징은 평범한 일상생활의 내면에 깃들어 있는 신비적인 것을 정적으로 묘사하며, 다소 난해한 분위기로 인간의 능력을 초월한 운명의 힘에 대한 감각을 드러내려고 한다는 점이다. 이러한 분위기는 꿈과 현실 사이의 경계를 모호하게 하는 주인공들의 모험과 신비로운 요정과 동물들과 물건들의 정령을 등장시키는 「파랑새」에서도 잘 드러난다. 이 작품에는 진정한 지혜로 생명 내면의 진리를 볼 줄 알아야 한다는 작자의 주장이 들어 있고, 진정한 현실이란 영혼이 지배하는 비밀스러운 생명이라는 신비 사상도 나타난다.

행복은 우리만 모를 뿐 우리 주변에 있다는 교육적인 교훈과 극의 전개 과정에서 펼쳐지는 신비한 모험에 관한 흥미 때문에 이 작품은 아동극의 전형이 되었다. 특히 이 작품이 탄생한 이후 '파랑새'는 '행복'의 대명사가 되었다.

# Contents

| | | |
|---|---|---|
| Chapter 01 | The Woodcutter's Cottage<br>나무꾼의 오두막집 | 12 |
| Chapter 02 | At the Fairy's Palace<br>요정의 궁전에서 | 41 |
| Chapter 03 | The Land of Memory<br>추억의 나라 | 60 |
| Chapter 04 | The Palace of Night<br>밤의 정령의 궁전 | 79 |
| Chapter 05 | The Kingdom of the Future<br>미래의 왕국 | 105 |
| Chapter 06 | In the Temple of Light<br>빛의 정령의 사원에서 | 137 |
| Chapter 07 | The Graveyard<br>묘지 | 143 |
| Chapter 08 | The Forest<br>숲 | 157 |
| Chapter 09 | The Leave-Talking<br>작별 인사 | 179 |
| Chapter 10 | The Awakening<br>깨어남 | 189 |

Chapter 01

# The Woodcutter's Cottage

틸틸과 미틸은 가난한 나무꾼 틸 부부의 아들과 딸이다.
어느 크리스마스 전날 밤, 선물을 받지 못하게 된 아이들은
부잣집 아이들의 파티를 보고 부러운 듯 구경한다.

Once upon a time,* a woodcutter* and his wife lived in a small cottage* next to a large forest.* They had two little children. Tyltyl, that was our hero*'s name, was ten years old, and Mytyl, his little sister, was six. Tyltyl was tall and had curly* black hair. Everyone liked him because of his kind face, and he was brave.* Early in the morning, he walked along the forest road with his daddy, Tyl the woodcutter. Even though he wore old clothes,* he looked so proud* and noble.*

His little sister was very different but looked sweet and pretty in her long dress. Her brother had dark hair, but she had blonde* hair. Her timid* eyes were the same color blue as forget-me-nots.* Everything frightened* her. Yet, she was loving and gentle. She was also so devoted* to her brother that she would never leave him.

Our story is about how our hero and his sister searched* the world for happiness.

Mr. Tyl's house was the poorest in

---

once upon a time 옛날에  woodcutter 나무꾼  cottage 오두막집, 작은 집  forest 숲, 삼림  hero 주인공, 영웅  curly 곱슬곱슬한, 고수머리의  brave 용감한  clothes 옷  proud 당당한, 자부심 있는  noble 고귀한, 당당한  blonde 금발의  timid 수줍어하는  forget-me-not 물망초  frighten 소스라쳐 놀라게 하다, 겁주다  devoted 헌신적인, 애정이 깊은  search 찾다, 수색하다

the countryside.* It seemed even poorer because it was next to a mansion* where rich children lived. In the daytime,* the little children played outside in the gardens. People came all the way* from town to visit the gardens because of their fancy* flowers.

Now, one Christmas Eve, Mrs. Tyl put her little ones to bed and kissed them. She felt a little sad. Due to* the stormy* weather, Mr. Tyl was not able to go to work in the forest, so she had no money to buy presents for Tyltyl and Mytyl's stockings.* The children soon fell asleep.

Everything was still* and silent* except for the purring* of the cat, the snoring* of the dog and the ticking* of the great grandfather clock.* Suddenly, a ray* of light as bright as day shone* through the shutters.* The lamp on the table lit again. The two children awoke, yawned,* rubbed* their eyes, and stretched.*

"Mytyl?" called Tyltyl in a careful* voice.

"Yes, Tyltyl?" she said.

"Are you asleep?"

"Are you?"

"No," said Tyltyl. "How can I be asleep if I'm talking to you?"

"Is this Christmas Day?" asked his sister.

"Not yet," he said. "But Santa Claus won't bring us anything this year."

"Why not?"

"Mummy says she couldn't tell him to come. But he will come next year."

"Is next year a long time from now?"

"Yes," said Tyltyl. "But he will come to the rich children tonight."

---

**countryside** 시골, 전원 지역  **mansion** 대저택, 저택  **in the daytime** 주간에, 낮 동안에  **all the way** 먼 길을 무릅쓰고  **fancy** 색깔이 화려한  **due to** ~에 기인하는, ~ 때문에  **stormy** 폭풍(우)의  **stockings** 긴 양말, 스타킹  **still** 조용한, 고요한  **silent** 소리 없는, 고요한  **purr** (고양이가) 그르렁거리다  **snore** 코를 골다  **tick** 똑딱거리다, 재깍거리다  **grandfather clock** 괘종시계  **ray** 광선, 빛  **shine** 빛나다, 반짝이다  **shutter** 덧문, 덧창  **yawn** 하품하다  **rub** 비비다, 문지르다  **stretch** 기지개를 켜다, 팔다리를 쭉 뻗다  **careful** 조심스러운

"Really?"

"Oh no!" cried Tyltyl. "Mummy's forgotten to put out* the lamp! I have an idea!"

"What?"

"Let's get up."

"But we mustn't," said Mytyl.

"Why not? No one else is awake! Do you see the shutters?"

"Oh! They are so bright!"

"It's the lights from the party," said Tyltyl.

"What party?"

"The rich children's party! It's the Christmas tree. Let's open the shutters."

"Can we?" asked Mytyl, timidly.*

"There's no one to stop us. Do you hear the music? Let's get up."

The two children jumped out of bed, ran to the window, and opened the shutters. A bright light filled* the room, and the children looked out eagerly.*

"We can see everything!" said Tyltyl.

"I can't," said poor little Mytyl, who was too short.

"It's snowing!" said Tyltyl. "There are two carriages,* with six horses each!"

"There are twelve little boys getting out!" said Mytyl, who was struggling* to see.

"Be quiet! And look! They're little girls."

"What are those gold things hanging* from the branches*?"

"Toys!" said Tyltyl. "Swords, guns, soldiers, cannons*...."

"And what are those on the table?"

"Cake and fruit and cream-tart.*"

"Oh, how pretty the children are!" cried Mytyl, clapping* her hands.

---

put out (불 등을) 끄다  timidly 주뼛주뼛, 소심하게  fill 채우다  eagerly 열심히, 간절히  carriage 사륜마차  struggle 안간힘을 쓰다, 애쓰다  hang 매달리다, 걸리다  branch 나뭇가지  cannon 대포  cream-tart 크림 타르트(파이)  clap (손뼉을) 치다

"And how they're laughing and laughing!" said Tyltyl.

"And the little ones are dancing!"

"Let's dance too!" shouted Tyltyl.

The two children began to stamp their feet* with joy.

"They're eating cake!" cried Tyltyl. He imagined* it would be wonderful to eat cake.

They danced, laughed, and felt delighted.* They were so happy because of the other children's happiness that they forgot how poor they were. Suddenly, there was a loud knocking at the door. The surprised* children stopped playing and were too scared* to move. With a loud noise,* the door opened slowly, and a little old woman came inside.* She was dressed in a green dress and had a red hood* over her head. She was a cripple* and had only one eye. Her nose was long. She walked leaning* on a stick.* She was surely* a witch.*

"Do you have grass that sings or a bird that is blue?" she asked the children.

"We have some grass, but it can't sing...." said Tyltyl, who was very frightened.*

"Tyltyl has a dove,*" said Mytyl.

"But I can't give it away* because it's mine," Tyltyl said quickly.

The old woman put on her big, round glasses and looked at the bird.

"He's not blue enough," she exclaimed.*
"I must absolutely* have the Blue Bird. It's for my little girl, who is very ill. The Blue Bird symbolizes* happiness. My little girl must be happy in order to get well.* I now

---

**stamp one's feet** 발을 구르다　**imagine** 상상하다, ~라고 생각하다　**delighted** 아주 기뻐하여, 아주 즐거워하여　**surprised** 놀란　**scared** 겁먹은, 겁에 질린　**noise** 소리, 소음　**inside** 안으로　**hood** 두건　**cripple** 불구자, 절름발이　**lean** 기대다, 기대서다　**stick** 지팡이, 단장　**surely** 확실히　**witch** 마녀, 여자 마법사　**frightened** 깜짝 놀란, 겁먹은　**dove** 비둘기　**give away** 거저 주다　**exclaim** 외치다, 고함치다　**absolutely** 절대적으로, 무조건　**symbolize** 상징하다, ~의 표상이다　**get well** 병이 나아지다

ask you to go out into the world and find the Blue Bird for her. You will have to start immediately.* Do you know who I am?" she whispered* in a mysterious* voice.

The children glanced at* each other, confused.* They had never seen a witch before, and they felt a little scared in her presence.*

"You seem like our neighbor, Madame* Berlingot...." Tyltyl said politely.*

Madame Berlingot's shop was a very pleasant place. It had sweets, marbles,* chocolate cigars,* and hens.* During fairs,* there were big gingerbread* dolls. Mrs. Berlingot had a nose as ugly as the witch's, and she was old also, but she was very kind. She had a little girl, who used to play on Sundays with the woodcutter's children. Sadly, the poor girl was always sick from some unknown illness.* When she was sick, she used to beg* and pray* for

Tyltyl's dove to play with. However, Tyltyl was so fond of* the bird that he would not give it to her.

The old woman became furious.* She was actually* a Fairy,* so she wanted to be unique* and special.* With her magic,* she could change how she looked.

"What do I look like?" she asked Tyltyl. "Am I pretty or ugly? Old or young?"

She asked these questions in order to find out if the boy was kind. The boy did not answer because he did not want to give his honest opinion.*

"I am the Fairy Berylune!" she cried.

"Oh, that's right!" answered Tyltyl, who was shaking.*

---

**immediately** 즉각, 즉시  **whisper** 속삭이다  **mysterious** 알쏭달쏭한, 신비한  **glance at** ~을 흘끗 보다, 잠깐 보다  **confused** 혼란스러운, 어리둥절한  **in one's presence (of)** (~의) 면전에서  **madame** 마님, ~ 부인  **politely** 공손히, 예의 바르게  **marble** 구슬  **chocolate cigar** 막대 초콜릿  **hen** 암탉  **fair** 시장, 장날  **gingerbread** 생강 빵  **illness** 병  **beg** 부탁하다, 간청하다  **pray** 빌다, 기원하다  **be fond of** ~을 좋아하다  **furious** 매우 화가 난  **actually** 실제로, 실은  **fairy** 요정  **unique** 유일무이한, 독특한  **special** 특별한  **magic** 마법  **opinion** 의견, 견해  **shake** 떨다, 떨리다

This satisfied* the Fairy. She told the children to get dressed.

"Where are your father and mother?" the Fairy asked.

"In there," said Tyltyl, pointing to the door on the right. "They're asleep."

"And your grandad and granny?"

"They're dead."

"Do you have any little brothers or sisters?"

"Oh, yes, three little brothers!" said Tyltyl.

"And four little sisters," added* Mytyl.

"Where are they?" asked the Fairy.

"They are dead, too," answered Tyltyl.

"Would you like to see them again?"

"Oh, yes! Show them to us!"

"I don't have them in my pocket," said the Fairy. "But luckily, you will see them when you go through* the Land of Memory. It's on the way to the Blue Bird.

What were you doing when I knocked?"

"We were imagining eating cake," said Tyltyl.

"Where is your cake?"

"In the house of the rich children. Come and look. It's so lovely!"

Tyltyl brought the Fairy to the window.

"But it's the others who are eating cake!" she said.

"Yes, but we can see them eat," said Tyltyl.

"Don't you envy* them?"

"Why?"

"For eating all the cake. I think it's very wrong of them not to give you any."

"Not at all. They're rich! Isn't it beautiful over there?"

"It is beautiful here too, but you can't see."

---

**satisfy** 만족시키다  **add** 덧붙이다  **go through** ~을 통과하다  **envy** 시기하다, 질투하다

The little boy was kind-hearted.* He deserved* to be happy, so the Fairy wanted to give him a little hat with a magic diamond. The diamond possessed* a magical* property.* It always showed the truth, and would help him to see the inside of Things. Everything has a life inside it.

The Fairy took the little hat from a large bag hanging by her side. It was green and white with the big diamond shining in the middle. Tyltyl was delighted. The Fairy explained* to him how the diamond worked. By pressing the top, you see the soul* of Things. If you turn it to the right, you discover* the past, and, when you turn it to the left, you see the future.

Tyltyl smiled and danced for joy, but suddenly he became afraid of losing the little hat.

"Daddy will take it from me!" he cried.

"No," said the Fairy. "If you wear the hat,

no one else can see it."

"Yes, yes!" cried the children, clapping their hands.

As soon as the hat was on Tyltyl's head, magic changed everything. The old Fairy turned into* a young and beautiful princess, dressed in silk and covered with sparkling* jewels.* The walls of the cottage became clear and sparkled like precious stones,* and the furniture shone like marble.* The two children ran from right to left, clapping their hands and shouting with delight.

"Oh, how lovely!" exclaimed Tyltyl.

Mytyl was amazed* by the fair* princess's dress.

But there were bigger surprises!

---

**kind-hearted** 친절한, 마음씨 고운  **deserve** ~할 만하다  **possess** 소유하다, 가지다  **magical** 신비한, 마법의  **property** 특성, 특질  **explain** 설명하다  **soul** 영혼  **discover** 발견하다, 알다,  **turn into** ~로 변하다  **sparkling** 반짝거리는  **jewel** 보석  **precious stone** 보석  **marble** 대리석  **amazed** 몹시 놀란  **fair** 아름다운, 매력적인

Suddenly, the door of the grandfather clock opened and the silence was filled with the sweetest music. Twelve little laughing dancers began to spin* all around the children.

"They are the Hours of your life," said the Fairy.

"May I dance with them?" asked Tyltyl. They hopped* around the floor like birds.

But just then he burst into laughter*! Who was that funny fat man? He was covered in* flour* and ran toward the children. It was Bread! His face was made of dough,* and he could not touch his hands together because his stomach* was so big and round. He was dressed in a suit* with stripes* across the chest.* On his head he wore an enormous* bun,* which looked like a turban.*

As soon as he left his pan,* other loaves* just like him, but smaller, followed and began to dance with the Hours. Flour was scattered* everywhere.* It was a strange and charming* dance. The children were delighted. The Hours waltzed* with the loaves. The plates* hopped up and down on the dresser.* The glasses in the cupboard* clinked* together. The forks chatted* so loudly with the knives that it became too noisy to hear anything!

If the noise had continued, Mr. Tyl and Mrs. Tyl would have woken up. Luckily, an enormous flame* came out of the chimney* and filled the room with a great red glow.* It looked like the house was on fire. Everybody ran to the corners and was

---

spin 뱅뱅 돌다  hop 깡충 뛰다  burst into laughter 웃음을 터뜨리다  be covered in ~로 뒤덮이다, ~투성이가 되다  flour 밀가루  dough 밀가루 반죽  stomach 배, 복부  suit 옷  stripe 줄무늬  chest 가슴  enormous 거대한, 막대한  bun 둥근 빵  turban 터번  pan 납작한 냄비  loaf 한 덩어리의 빵  scatter 흩뿌리다, 흩어 버리다  everywhere 어디에나, 도처에  charming 매력 있는, 매력적인  waltz 왈츠를 추다  plate 접시  dresser 찬장, 서랍장  cupboard 식기장, 찬장  clink 쨍그랑 소리를 내다  chat 잡담하다, 수다 떨다  flame 불꽃, 불길  chimney 굴뚝  glow 백열광, 은은한 불빛

quiet. Tyltyl and Mytyl wept* with fright* and hid* their heads under the good Fairy's cloak.*

"Don't be afraid," she said. "It's only Fire. He is good, but you had better not touch him."

Watching anxiously* through the beautiful gold lace on the Fairy's cloak, the children saw a tall red man looking at them. He laughed at them. He was dressed in scarlet* tights.* His hair stood up straight* on his head. He started shaking his arms and legs and jumping around the room like a madman.*

Tyltyl relaxed* a little but still hid behind the Fairy. Then the Fairy Berylune pointed her wand* at the sink.* Suddenly, there appeared* a young girl who wept like a fountain.* It was Water. She was very pretty, but she looked extremely* sad. Her voice sounded like the water in a spring.* Her long hair was made of seaweed.* Her clothes was water shining in different colors. She hesitated* at first and glanced around her. She saw Fire and angrily ran toward him, throwing water at him. Fire became furious and began to smoke. Nevertheless,* he knew he could not defeat* his old enemy.* He retired* to a corner. Water also retreated,* and things seem peaceful again.

The two children asked the Fairy what was going to happen next. The noise of something breaking made them look toward the table. What a surprise! The milk jug* lay* on the floor, broken into a thousand pieces. From the pieces rose a

---

weep 눈물을 흘리다, 울다  fright 공포, 소스라쳐 놀람  hide 숨기다  cloak 망토  anxiously 걱정스럽게  scarlet 주홍색, 진홍색  tights 몸에 꽉 끼는 옷, 타이츠  straight 똑바로, 일직선으로  madman 미친 사람  relax 긴장을 늦추다, 안심하다  wand 요술 지팡이  sink 싱크대, 개수통  appear 나타나다, 출현하다  fountain 분수, 샘  extremely 극단적으로, 몹시  spring 샘, 수원지  seaweed 해초, 해조  hesitate 주저하다, 머뭇거리다  nevertheless 그럼에도 불구하고  defeat 쳐부수다, 패배시키다  enemy 적  retire 물러가다, 후퇴하다  retreat 물러서다, 후퇴하다  milk jug 우유 통  lie 놓여 있다

charming lady who screamed* with terror.

Tyltyl tried to comfort* her because he knew that she was Milk. He was very fond of her, so he gave her a good kiss. She was fresh and pretty. Her white dress was covered in cream and smelled delicious.

Meanwhile, Mytyl was watching the sugar-loaf, which also seemed to be coming to life.* It was wrapped in* blue paper. At last, a long thin arm came out, followed by a triangle-shaped* head. Sugar looked so funny that the children laughed in his face!

"This, Tyltyl, is the soul of Sugar. His pockets are filled with sugar and each of his fingers is a sugar-stick," the Fairy introduced* the man. The children realized* they must be polite to him.

"Bow, wow! Good night! At last, at last we can talk! When I barked* and wagged* my tail,* you never understood! I love you!" said Tylo, the good Dog.

The kind Animal used to go with the children to the forest, and he loyally* guarded* the front door! He walked on his back legs that were a little too short, so he was clumsy.* His coat was mustard-colored,* and he had a bulldog* head with a black nose. He talked as fast as he could and about everything because he was silent for a long time. He kissed the children and called them "his little masters."

He jumped around, hit the furniture, and he wagged his tail. He was breathing* quickly. He was simple and generous.*

After playing with the children, he started distributing* his greetings* to

---

scream 소리치다, 비명을 지르다  comfort 위안하다, 위로하다  come to life 소생하다, 활기를 띠다  be wrapped in ~로 싸여 있다  triangle-shaped 삼각형 모양의  introduce 소개하다  realize 실감하다, 깨닫다  bark (개가) 멍멍 짖다  wag (꼬리를) 흔들다  tail 꼬리  loyally 충실하게  guard 보호하다, 지키다  clumsy 꼴사나운, 어설픈  mustard-colored 겨자색의  bulldog 불도그  breathe 숨 쉬다, 호흡하다  generous 인심이 좋은, 너그러운  distribute 분배하다, 나누어 주다  greetings 인사말

everyone. He could not restrain* his joy. He was very happy to be human.* However, he was terribly* jealous.* His heart felt envy when he saw Tylette, the Cat, come to life. The children petted* and kissed her in the same way they pet him. Oh, how he hated the Cat! He hated to share* his family with her. He accepted* it, however, because it pleased the children.

"Oh, there is no justice* left on Earth!" he thought.

In the meantime,* the Cat, while washing herself, put a paw* on the little girl. She really was a very pretty cat. Tylette's eyes were like topaz* and emeralds.* No one could resist* petting her wonderful black velvet* back. Everyone loved her grace,* gentleness,* and nobility.*

"Good night!" she said to Mytyl, smiling gently. "You look well tonight!"

The children petted her. Tylo kept watching the Cat from the other end of the room.

"Now that* she's standing on her back legs like a man, she looks just like the devil,*" he said quietly. "She has pointed* ears, a long tail, and her dress is as black as ink*! She's also like the village* chimney sweep,* whom I hate. Even though the children say she is a real man, I do not think she is a real man. I know more about many things than they do!"

He could no longer restrain himself. He flew at the Cat.

"I'm going to frighten Tylette!" he shouted, with a loud laugh. "Bow, wow,

---

restrain 억제하다, 억누르다　human 인간　terribly 몹시　jealous 질투가 많은, 시샘하는　pet 귀여워하다, 어루만지다　share 공유하다, 함께하다　accept 받아들이다, 수용하다　justice 정의　in the meantime 그 사이에, 한편　paw (동물의) 발　topaz 토파즈, 황옥　emerald 에메랄드, 취옥　resist 저항하다　velvet 벨벳, 우단　grace 우아함, 품위　gentleness 상냥함, 온화함　nobility 고귀함, 당당함　now that ~이니까　devil 악마　pointed 뾰족한, 날카로운　as black as ink 새까만　village 마을, 촌락　chimney sweep 굴뚝 청소부

wow!"

But the Cat was noble even when she was an animal. She imagined that she had an important future. However, she considered* the Dog a peasant.* She would not waste* her time with him.

"Sir, I don't know you," she said, feeling disgust.*

Tylo jumped, feeling hurt. The Cat backed away,* and her fur* stood up. Her whiskers* under her little pink nose went back. She was very proud of her whiskers because she thought they added to her dark beauty. "Fft! Fft!" she hissed* while arching* her back and raising* her tail. She stood on the wardrobe,* like a dragon* on the top of a Chinese vase.

Tyltyl and Mytyl screamed with laughter. If a great thing had not happened, they would have continued to fight. At eleven o'clock in the evening, a light as bright as the noonday* sun, burst into the room.

"Oh, no! It's daylight!" said Tyltyl, who was now very confused. "What will Daddy say?"

But, before the Fairy could correct* him, Tyltyl knelt* in front of the light.

At the window, in the center of a great circle of sunshine, the loveliest maiden* rose! Shining clothes covered her but did not hide her beauty. Her arms were out in a giving gesture.* Her great clear eyes wrapped everyone she looked at in a warm embrace.*

"It's the Queen!" said Tyltyl.

"It's a Fairy Princess!" cried Mytyl, kneeling beside* her brother.

---

**consider** 간주하다, 여기다   **peasant** 농부, 시골뜨기   **waste** 낭비하다, 허비하다   **disgust** 메스꺼움, 혐오감   **back away** 뒤로 물러나다   **fur** 부드러운 털, 모피   **whisker** 수염   **hiss** 쉿 하는 소리를 내다   **arch** 동그랗게 구부리다   **raise** 올리다, 들어 올리다   **wardrobe** 옷장   **dragon** 용   **noonday** 정오, 한낮   **correct** 고치다, 바로잡다   **kneel** 무릎을 꿇다   **maiden** 처녀, 아가씨   **gesture** 몸짓, 손짓   **embrace** 포옹   **beside** ~ 옆에

"No, my children," said the Fairy. "It is Light!"

Smiling, Light walked toward the two little ones. She was the Light of Heaven with the strength* and beauty of the Earth. She was proud because she had never been captured.* She lived in space* and gave her gifts to everyone. She agreed* to be confined,* for a short time, within a human shape.* She had to teach the children about the world and teach them about that other Light, the Light of the Mind. We never see this light, but it helps us see everything that exists.*

"It is Light!" exclaimed the Things and the Animals. As they all loved her, they began to dance around her. Tyltyl and Mytyl danced with joy. They never imagined a party this fun or pretty. They shouted the loudest.

Suddenly, three knocks were heard

against the wall. They were so loud that it seemed like the house would fall down! It was Mr. Tyl who woke up because of the noise. He wanted to end it!

"Turn the diamond!" cried the Fairy to Tyltyl.

Our hero quickly did what he was told, but he did not know how to do it right. Besides,* his hand shook because he thought that his father was coming. In fact, he was so clumsy that he almost broke the diamond.

"Not so quick, not so quick!" said the Fairy. "Oh dear, you've turned it too quickly!"

Everyone was running at the same time. The walls of the cottage lost their magic. All ran here and there to return to their

---

strength 힘  capture 붙잡다, 포획하다  space 우주  agree 동의하다
confine 가두다, 감금하다  shape 형태, 형상  exist 존재하다, 현존하다
besides 게다가, 더욱이

proper* places. Fire could not find his chimney. Water ran about looking for her sink. Sugar cried in front of his torn* wrapper.* Bread was unable to squeeze* into his pan because the other loaves were taking all the room. As for* the Dog, he had grown too large for the hole in his kennel, and the Cat also could not get into her basket. The Hours alone went back into the clock quickly.

Light stood motionless.* She looked calmer* than the others who were all weeping around the Fairy.

"What is going to happen?" they asked. "Is there any danger?"

"Well, I must tell you the truth," said the Fairy. "Everyone who accompanies* the two children will die at the end of the journey.*"

They began to cry, except* the Dog, who was delighted to remain* human as long as possible. He was already standing next to Light. He definitely* wanted to go with his little master* and mistress.*

At that moment, there was a knock even more dreadful* than before.

"There's Daddy again!" said Tyltyl. "He's getting up! This time, I can hear him walking."

"You see, you have no choice* now," said the Fairy. "It is too late. You must all go. But you, Fire, don't come near anybody. You, Dog, don't tease* the Cat. You, Water, try not to run all over the place. And you, Sugar, stop crying, unless you want to melt.* Bread shall carry the cage* in which to put the Blue Bird. You shall all come to my house, where

---

proper 적당한, 적절한  tear 찢다  wrapper 싸개, 포장지  squeeze 밀어 넣다, 쑤셔 넣다  as for ~에 관해서라면  motionless 움직이지 않는, 부동의  calm 평온한, 차분한  accompany 동반하다, 동행하다  journey 여행  except ~을 제외하고  remain 남아 있다, 여전히 ~인 상태이다  definitely 명확히, 확실히  master 주인  mistress 여주인  dreadful 무시무시한, 끔찍한  choice 선택  tease 괴롭히다, 끓이다  melt 녹다, 용해하다  cage 새장

I will dress the Animals and the Things properly. Let's go!"

As she spoke, she pointed her wand at the window. The window became longer and looked like a door. They all went out quietly, after which the window resumed its usual* shape. And so, on Christmas Eve, in the clear light of the moon, they went in search of* the Blue Bird.

# At the Fairy's Palace

틸틸과 미틸은 요정 베릴룬을 따라 나선다.
요정은 아이들이 행복을 가져다주는 파랑새를 찾을 수 있도록
동물들과 물건들의 정령을 불러내어 도움을 주게 만들고
진실을 볼 수 있는 있는 다이아몬드도 준다.

The Fairy Berylune's palace\* stood at the top of a very high mountain. On summer nights, when the sky was clear, you could see the moon's mountains and valleys,\*

---

**usual** 보통의, 평상시의  **in search of** ~을 찾아서, ~을 구해서  **palace** 궁전, 저택  **valley** 골짜기, 계곡

lakes,* and seas from the palace. Here the Fairy studied the stars and read their secrets.* The Earth had become boring.

"This old planet* no longer interests me!" she used to say to her friends, the giants of the mountain. "The men still live with their eyes closed! Poor things, I pity* them! I want to save the little children from fatal* danger."

This is why she knocked on the door of Mr. Tyl's cottage on Christmas Eve.

Our travelers* had just walked to the highroad,* when the Fairy remembered that they could not walk like that through the village. Everyone was still awake because of the feast.* She pressed lightly* on Tyltyl's head and wished that they would be carried by magic to her palace. A cloud* of fireflies* came around our companions* and took them gently toward the sky. They were immediately at the Fairy's palace.

"Follow me," she said and led them through rooms and halls* all in gold and silver.

They stopped in a large room with mirrors on every side and containing* an enormous wardrobe. Light was shining from inside the wardrobe. The Fairy Berylune took a diamond key from her pocket and opened the wardrobe. A cry of amazement* burst from everyone. There were gems,* every kind of dress, pearl* crowns,* emerald necklaces,* and ruby* bracelets.* Never had the children seen such riches*! As for the Things, they were so confused because it was their first time to see the world. Everything looked

---

lake 호수  secret 비밀  planet 행성  pity 불쌍히 여기다, 딱하게 여기다  fatal 치명적인  traveler 여행자, 나그네  highroad 큰길, 한길  feast 향연, 잔치  lightly 가볍게, 살살  cloud (메뚜기·연기 등이) 자욱한 것, 떼  firefly 반딧불이, 개똥벌레  companion 동료, 친구  hall 홀, 큰 방  contain 담고 있다, 포함하다  amazement 놀람, 경탄  gem 보석, 보옥  pearl 진주  crown 왕관  necklace 목걸이  ruby 루비, 홍옥  bracelet 팔찌  riches 부, 재물

strange!

The Fairy helped them choose* clothes. Fire, who only liked red, at once chose a bright red and gold dress. He put nothing on his head, for his head was always very hot. Sugar hated everything except white and pale* blue. He chose a long blue and white dress and a triangle hat, which made him look perfectly* ridiculous.*

The Cat, who was always a lady and who was used to her dark clothes, decided that black was always good. She therefore put on a suit of black tights, a long velvet cloak, and a large hat with a long feather. She next asked for a pair of soft kid* boots to honor* Puss-in-Boots,* her famous ancestor.* Finally, she wore soft gloves to protect* her paws from dirt.*

She took a satisfied* glance at* the mirror. Then, she anxiously* invited Sugar and Fire to* leave with her. So all three walked out, while the others continued dressing. Let us follow them for a moment.

After passing through several* fancy rooms, our three characters* stopped in the hall. The Cat immediately started the meeting in a quiet voice.

"I have brought you here in order to discuss* the final moments of our lives," said the Cat. "We must do what we can with our freedom...."

But she stopped because of a furious sound: "Bow, wow, wow!"

"There now!" cried the Cat. "There's that idiot* Dog! He smelled us! We can't get a minute's peace. Let's hide behind the stairs.* He had better not hear what I have

---

**choose** 고르다, 선택하다  **pale** 엷은, 연한  **perfectly** 완전히, 완벽하게  **ridiculous** 웃기는, 우스꽝스러운  **kid** 염소 가죽  **honor** 예우하다, 존중하다  **Puss-in-Boots** 장화 신은 고양이  **ancestor** 조상, 선조  **protect** 보호하다, 지키다  **dirt** 먼지, 오물  **satisfied** 만족한, 흡족한  **take a glance at** ~을 흘끗 보다  **anxiously** 근심스럽게, 열망하여  **invite A to B** A가 B하도록 정식으로 요청하다  **several** 몇몇의  **character** 등장인물  **discuss** 논의하다, 상의하다  **idiot** 얼간이, 바보  **stairs** 계단, 층계

to say to you."

"It's too late," said Sugar, who was standing by the door.

And, sure enough,* Tylo was coming while jumping and barking, feeling delighted.

The Cat, when she saw him, turned away in disgust.

"He has put on the clothes of one of Cinderella's servants.* It is perfect for him! He always had the soul of a servant!" she said.

The good Dog did not see her little game.* He was completely happy about wearing such beautiful clothes, and he danced around and around. It was really funny to see his velvet coat spinning like a merry-go-round* with his short tail showing. Like all purebred* dogs, he had had his tail and his ears made short as a puppy.

Poor Tylo! He had always envied the tails of his brother dogs, which were longer than his. But handicaps* often make people's hearts stronger. Because Tylo had been so silent for many years, his soul became more loving.

Today his big dark eyes sparkled with delight. He had suddenly changed into a man! He wore magnificent* clothes. He was going on an adventure* around the world in company with* the children!

"I am so handsome!" he said. "Look at these fancy clothes! It's real gold!"

He did not see that the others were laughing at him. Truthfully,* he did look very comical.* Yet, like all simple* creatures,* he did not understand what

---

sure enough 물론, 말할 것도 없이   servant 하인   little game 속임수, 술책   merry-go-round 회전목마   purebred 순수 혈통의   handicap 불리한 조건, 장애   magnificent 훌륭한, 멋진   go on an adventure 모험을 떠나다   in company with ~와 함께   truthfully 정직하게, 사실은   comical 우스꽝스러운, 웃기는   simple 천진난만한, 순진한   creature 생명체, 동물

was funny. He was so proud of his natural*
yellow hair that he had put on no vest.
He also kept his collar* with his address*
on it. A big red velvet coat with gold-lace
stopped at his knees.

The large pockets on either side would
enable him, he thought, always to carry
a few things. Tylo was very greedy.* On
his left ear, he wore a little round cap with
a hawk* feather. His other ear remained
free. This small ear would let him listen to
all different sounds.

He was also wearing a pair of leather*
riding boots* with white tops. On his front
paws he wore no gloves. Even though
Tylo wore the clothes of a man, he could
not stop behaving* like a dog so quickly.
He was at the present moment* lying
on the steps of the hall, scratching* the
ground and smelling the wall. Suddenly,
he jumped and began to cry! His lip shook

nervously.*

"What's the matter with the idiot now?" asked the Cat, who was watching him.

But she quickly understood. A very sweet song came from the distance. Tylo could not endure* music. The song came nearer. A girl's voice filled the lofty* arches and Water appeared. She was tall, slender* and white as a pearl.* Her movements were so soft and graceful. A beautiful silvery* dress waved* around her and, there was coral* in her hair.

"She doesn't have an umbrella!" Fire said rudely* when he saw her.

But Water was clever. She also knew that she was stronger than him. She glanced at his glowing nose.

---

natural 타고난, 자연스러운  collar 개 목걸이, 목줄  address 주소  greedy 탐욕스러운, 욕심 많은  hawk 매  leather 가죽  riding boots 승마화  behave 행동하다  at the present moment 현재  scratch 긁다, 할퀴다  nervously 신경질적으로, 초조하게  endure 참다, 견디다  lofty 우뚝 솟은, 매우 높은  slender 호리호리한, 가느다란  (as) white as a pearl 새하얀  silvery 은백색의  wave 나부끼다, 너울거리다  coral 산호  rudely 무례하게

"Excuse me?" she asked. "Is that great big red nose talking to me?"

The others began to laugh at Fire whose face was always red-hot.* Fire angrily jumped to the ceiling.* Meanwhile,* the Cat went up to Water, very carefully, and said nice things about her dress. She did not mean the things she said, but she wished to be friendly with everybody. She wanted them to agree with her plan. She was anxious because she did not see Bread. She did not want to speak before everyone was there.

"What is he doing?" she meowed* again and again.

"He spent a long time choosing his dress," said the Dog. "At last, he chose a Turkish* dress with a turban and sword.*"

When the Dog finished speaking, a ridiculous shape, clothed in all the colors of the rainbow, came to the narrow* hall.

They all felt pity for Bread. The enormous stomach of Bread filled the whole doorway.* He kept hitting his stomach in the doorway because he was not very clever. Besides, he was not yet used to moving in human beings' houses. At last, he squeezed through* sideways* and entered the hall.

It was not graceful, but he was still pleased.

"Here I am!" he said. "I have put on Bluebeard, the pirate's, finest dress. What do you think of this?"

The Dog began to dance around him. He thought Bread magnificent! That yellow velvet costume,* covered all over with silver moons, reminded Tylo of*

---

**red-hot** 시뻘겋게 달아오른  **ceiling** 천장  **meanwhile** 그 사이에, 한편  **meow** 야옹 하고 울다  **Turkish** 터키의  **sword** 검, 칼  **narrow** 좁은, 여유가 없는  **doorway** 문간, 현관  **squeeze through** ~을 헤치고 나아가다  **sideway** 인도, 보도  **costume** 복장, 옷차림  **remind A of B** A에게 B를 생각나게 하다(상기시키다)

delicious bread rolls.* The huge, fancy turban on Bread's head was really like a fairy bun!

"How nice he looks!" cried the Dog.

Bread was shyly followed by Milk. Her simple mind had made her prefer her cream dress to* all the fancy clothes. Bread was starting to talk about the dresses of Tyltyl, Light, and Mytyl, but the Cat stopped him.

"Stop chatting!" the Cat said. "Listen to me. We don't have time."

They all looked at her, confused. They understood that it was serious, but the human language was still mysterious. Sugar moved his long fingers because he was nervous, Bread touched his huge stomach, and Water lay on the floor feeling profoundly* sad. Milk only looked at Bread who had been her friend for ages.*

"The Fairy has just said that when this

journey ends, our lives will end too," the Cat spoke as she became impatient.* "Therefore we must make our adventure as long as possible!"

Bread was afraid of being eaten when he was no longer a man. He quickly agreed. The Dog, ignored* the Cat, but he was angry deep in his soul. He knew what the Cat wanted to say.

"We must definitely make our journey longer and stop them from finding the Blue Bird, even if it brings danger to the children," Tylette ended her speech.* The good Dog jumped at the Cat to bite* her. Sugar, Bread and Fire jumped between them.

"Order! Order!" said Bread arrogantly.* "I'm leading this meeting."

---

**roll** 롤빵　**prefer A to B** B보다 A를 더 좋아하다　**profoundly** 깊이, 심원하게　**for ages** 오랫동안　**impatient** 성급한, 조급한　**ignore** 무시하다, 모르는 체하다　**speech** 말, 연설　**bite** 물다, 물어뜯다　**arrogantly** 거만하게

"Who made you the leader*?" shouted Fire.

"Why are you talking?" asked Water, throwing her wet hair over Fire.

"This is a serious moment," said Sugar, trying to make peace.* "Let us talk in a friendly way."

"I quite agree with Sugar and the Cat," said Bread.

"This is ridiculous!" said the Dog, barking and showing his teeth. "We have to follow Man! I recognize* no one but him! Hurrah for* Man! Man forever! Man is everything!"

But the Cat's high voice rose above all the others. She was angry at Man.

"All of us here possess a soul which Man does not yet know," she cried. "That is why we have a little independence,* but, if he finds the Blue Bird, he will know all. He will see all, and we will have no power.

Remember the time when we had our freedom!"

But, suddenly her face changed. "Look out! I hear the Fairy and Light coming. Light agrees with Man and wants to stand by him. She is our worst enemy. Be careful!"

But Tyltyl and Mytyl did not know how to lie, and they felt guilty.* They made ridiculous and uncomfortable* faces when they saw the Fairy.

"What are you doing in that corner?" said the Fairy. "You look like you are being bad!"

They thought the Fairy knew their wicked* plans, so they bowed* in front of her. Luckily for them, the Fairy did not care about what they were thinking.

---

**leader** 지도자　**make peace** 화해하다, 강화하다　**recognize** 인정하다, 공인하다　**hurrah (for)** (~에 대해) 만세　**independence** 독립, 자립　**guilty** 죄를 자각하는, 죄책감을 느끼는　**uncomfortable** 불편한, 거북한　**wicked** 사악한, 나쁜　**bow** 머리를 숙이다, 허리를 굽혀 절하다

She wanted to explain the first part of the journey to the children and to tell each of the others what to do. Tyltyl and Mytyl stood hand in hand in front of her, looking a little frightened. They looked a little strange in their fine clothes. They stared at each other.

Mytyl was wearing a yellow silk dress with pink posies* and gold beads.* On her head was a lovely orange velvet cap. Tyltyl was dressed in a red jacket and blue shorts, both made of velvet. Of course he wore the wonderful little hat on his head.

"It is possible that the Blue Bird is hiding at your grandparents' house in the Land of Memory. You will go there first."

"But they are dead," said Tyltyl. "How shall we see them?"

Then the good Fairy explained that they would not be really dead until their grandchildren* stopped thinking of them.

"Men do not know this secret," she added. "But, thanks to the diamond, you will see that they aren't dead. If we remember them, they still live happily."

"Are you coming with us?" asked Tyltyl, turning to Light, who stood in the doorway.

"No," said the Fairy. "Light must not look at the past. Her energies* must be devoted* to the future!"

The two children were starting on their journey, when they discovered* that they were very hungry. The Fairy at once* told Bread to give them something to eat. That big, fat fellow, delighted with the importance* of his duty,* opened his shirt. He drew his sword and cut two slices out of his stomach.

---

posy 작은 꽃다발  bead 구슬, 염주  grandchild 손자 손녀  energy 힘, 기력  devote 바치다, 쏟다  discover 발견하다, 깨닫다  at once 즉시  importance 중요성  duty 임무, 직무

The children screamed with laughter. Tylo became happy for a moment and begged for a bit of* bread. Sugar, who was very arrogant, also wanted to impress* the company.* He broke off two of his fingers and gave them to the astonished* children.

As they were all moving toward the door, the Fairy Berylune stopped them.

"Not today," she said. "The children must go alone. They are going to spend the evening with their late family. Goodbye, dear children. Come back soon! It is extremely important!"

Holding hands and carrying the big cage, the two children walked out of the hall. Their companions lined up in front of the Fairy to return to the palace. Tylo was the only one who did not answer to his name. When he heard the Fairy say that the children had to go alone, he decided to go and help them. While the others were

saying goodbye, he hid behind the door.
But Fairy Berylune could see everything!

"Tylo!" she cried. "Tylo! Here!"

And the poor Dog could not resist and came with his tail between his legs. He howled* sorrowfully* when he saw his little master and mistress swallowed up* in the great gold staircase.*

---

**a bit of** 약간의  **impress** 감동시키다, 감명을 주다  **company** 동료, 일행  **astonished** 깜짝 놀란  **howl** 울부짖다  **sorrowfully** 슬프게  **swallow up** 삼켜 버리다, 빨아들이다  **staircase** 계단, 층계

Chapter 03

# The Land of Memory

틸틸과 미틸은 추억의 나라를 방문한다.
그곳에서 그들은 오래 전에 돌아가신 할아버지와 할머니,
그리고 죽은 동생들을 만나 즐거운 시간을 갖고
검은 새를 받아서 빛의 정령을 만나러 간다.

The Fairy Berylune had told the children that the Land of Memory was not far. Yet to go there, you had to go through a forest that was so thick and so old you could not see the tops of the trees. There was always thick* fog* in the forest. Children might become lost!

"There is only one road and it is straight," the Fairy warned.*

The ground was covered with flowers which were all the same. They were snow-white* pansies* and very pretty, but they had no smell. Those little flowers comforted the children who felt extremely lonely.* A great mysterious silence was everywhere. They shook a little with a fear they never felt before.

"Let's take Granny* a bunch* of flowers," said Mytyl.

"That's a good idea!" cried Tyltyl. "She will be pleased!"

And, as they walked along, the children gathered* the beautiful white flowers. The children did not know that every pansy that they picked brought them nearer to

---

thick 빽빽한, 울창한   fog 안개   warn 경고하다   snow-white 순백색의
pansy 팬지   lonely 외로운, 고독한   granny 할머니   bunch 다발, 묶음
gather 모으다, 그러모으다

their grandparents. They soon saw in front of them a large oak* with a sign.*

"Here we are!" cried Tyltyl in triumph.* Climbing up* on a root, he read the sign.

The Land of Memory.

They had arrived!

"I can see nothing at all!" cried Mytyl. "I'm cold! I'm tired! I don't want to travel anymore!"

Tyltyl, who only thought about their mission,* became angry.

"Come, don't keep on crying just like Water!" he said. "There! Look! Look! The fog is disappearing*!"

An invisible* hand seemed to pull the fog away* like curtains.* The big trees faded away,* and, instead,* there appeared a pretty little peasant's cottage. It was covered with vines* and was next to a little garden filled with flowers and with fruit trees.

The children immediately knew the dear cow, the watchdog,* and the blackbird.* Everything shone with a pale light and the air was humid.*

Tyltyl and Mytyl stood amazed. So that was the Land of Memory! What lovely weather it was! And how nice it felt to be there! They immediately decided to come back often, now that they knew the way. They became even happier when all the fog disappeared. They saw Grandad and Granny sitting on a bench, sleeping. They clapped their hands.

"It's Grandad! It's Granny!" they called out. "There they are!"

But they were a little scared and could not move from behind the tree. They

---

oak 떡갈나무  sign 표지판, 간판  in triumph 의기양양하여  climb up 오르다, 등반하다  mission 사명, 임무  disappear 사라지다  invisible 눈에 보이지 않는  pull away 끌어내다, 걷어 내다  curtain 커튼  fade away (희미해져) 사라지다  instead 그 대신에  vine 포도나무, 덩굴 식물  watchdog 집 지키는 개  blackbird 검은 새, 찌르레기  humid 습기 있는, 눅눅한

stood looking at the dear old couple, who woke up gently and slowly.

"I think that our grandchildren who are still alive are coming to see us today," they heard Granny's shaking voice say.

"They are certainly thinking of us, for I feel strange." Grandad answered.

"I think they must be quite near," said Granny. "I see tears of joy dancing in front of my eyes and...."

Granny had no time to finish her sentence.* The children were in her arms! What a joy! What wild kisses and hugs*! What a wonderful surprise! They laughed and tried to speak and kept on looking at one another with delighted eyes. When the first excitement* was over, they all began to talk at once.

"How tall and strong you've grown, Tyltyl!" said Granny.

"And Mytyl! Just look at her! What

pretty hair, what pretty eyes!" cried Grandad.

And the children danced, clapped their hands, and hugged each other.

At last, they became quiet, and they began to talk of family affairs.*

"How are Daddy and Mummy?" asked Granny.

"Quite well, Granny," said Tyltyl. "They were asleep when we went out."

Granny gave them fresh kisses.

"Why don't you come to see us more often?" she said. "It is months and months now that you have forgotten us."

"We can't, Granny," said Tyltyl. "Thanks to* the Fairy's help, we are here today."

"We are always here, waiting for a visit from the living people," said Granny. "The last time you were here was on

---

sentence 문장  hug 꼭 껴안기, 포옹; 껴안다, 포옹하다  excitement 흥분, 흥분되는 일  affair 사건, 일  thanks to ~ 덕분에, ~ 덕택에

Halloween."

"Halloween?" said Tyltyl. "We didn't go out that day, for we both had colds!"

"But you thought of us! And, every time you think of us, we wake up and see you again."

Tyltyl remembered that the Fairy had told him this. He had not thought it possible then, but now, he began to understand things. He felt that his grandparents had not left him completely.

"So you are not really dead?" he asked.

The old couple burst out laughing.* When they changed their life on Earth for* another, much nicer and more beautiful life, they had forgotten the word "dead."

"What does that word 'dead' mean?" asked Grandad.

"It means that one's no longer alive!" said Tyltyl.

Grandad and Granny only shrugged*

their shoulders.

"How stupid the Living are when they speak of the Others!" they said.

And they talked about their memories again, happy to be able to chat.

All old people love discussing old times. The future is finished in their minds, so they delight in* the present and the past. But we are growing impatient, like Tyltyl. Instead of listening to them, we will follow their movements.

He had jumped off Granny's knees. He was looking everywhere, delighted at finding all sorts of things which he knew and remembered.

"Nothing has changed," he cried. "Everything is in its old place! But everything is prettier! Oh, there's the clock with the big hand which I broke. There's

---

**burst out laughing** 웃음을 터뜨리다   **change A for B** A를 B로 바꾸다
**shrug** (어깨를) 으쓱하다   **delight in** ~을 좋아하다, 즐기다

the hole which I made in the door on the day I found Grandad's coin!"

"Yes, you've broken many things" said Grandad. "And there's the plum tree* which you were so fond of climbing when I wasn't looking...."

Meantime, Tyltyl did not forget his duty.

"You don't have a Blue Bird, do you?"

At the same moment, Mytyl, lifting* her head, saw a cage.

"Oh! There's the old blackbird! Does he still sing?"

As she spoke, the blackbird woke up and began to sing in a very loud voice.

"You see, as soon as one thinks of him...." said Granny.

Tyltyl was astonished at what he saw.

"But he's blue!" he shouted. "Why, that's the bird, the Blue Bird! He's blue, blue, blue as a blue glass marble! Will you give him to me?"

The grandparents gladly agreed. Full of triumph, Tyltyl went and brought the cage, which he had left by the tree. He carefully put the bird in the cage, and it began to hop around its new home.

"How pleased the Fairy will be!" said Tyltyl, happy because of his conquest.* "And Light too!"

"Come along," said the grandparents. "Come and look at the cow and the bees."

As the old couple walked around the garden, the children suddenly asked if their little dead brothers and sisters were there too. Seven little children, who, until then had been sleeping in the house, came running into the garden. Tyltyl and Mytyl ran up to them. They all hugged each other and screamed joyfully.*

---

**plum tree** 자두나무　**lift** 들다, 들어 올리다　**conquest** 정복하여 얻은 것, 차지하여 얻은 것　**joyfully** 즐겁게, 유쾌하게

"Here they are!" said Granny. "As soon as you speak of them, they are there."

Tyltyl caught a little one by the hair.

"Hello, Pierrot! So we're going to fight again like in the old days! And Robert! Jean, what happened to your shirt? Madeleine and Pierrette and Pauline! And here's Riquette!"

"Riquette's still crawling on all fours*!" Mytyl laughed.

Tyltyl noticed a little dog barking.

"There's Kiki, whose tail I cut off with Pauline's scissors. He hasn't changed, either."

"No, nothing changes here!" said Grandad.

But, suddenly the old people stopped, shocked. They had heard the small voice of the clock indoors* strike eight!

"How's this?" they asked. "It never strikes nowadays*...."

"That's because we no longer think of the time," said Granny. "Was anyone thinking of the time?"

"Yes, I was," said Tyltyl. "So it's eight o'clock? Then I must go, for I promised Light to be back before nine."

He was going for the cage, but the others were too happy to let him run away so soon. It would be terrible to say goodbye like that! Granny had a good idea. She knew how greedy Tyltyl was. It was just supper time and, luckily, there was some cabbage* soup and a beautiful plum tart.

"Well, I've got the Blue Bird!" said Tyltyl. "And you don't eat cabbage soup every day...."

They all hurried and carried the table outside. On a nice white tablecloth,*

---

crawl on all fours 배를 땅에 대고 네 발로 기다   indoors 실내에서
nowadays 오늘날에는, 요즈음에는   cabbage 양배추   tablecloth 식탁보

they put a plate for each person. The lamp was lit, and the grandparents and grandchildren sat down to supper, pushing and playing with each other and laughing and shouting with pleasure. Then, for a time, it was quiet except for the sound of the wooden spoons hitting plates.

"How good it is! Oh, how good it is!" shouted Tyltyl, who was eating greedily. "I want some more! More!"

"Be a little quieter," said Grandad. "You're still naughty.* You'll break your plate...."

Tyltyl did not listen and stood up on his chair. He grabbed* the soup pot* and pulled it toward him. The hot soup got all over the table and on everybody's lap. The children yelled* and screamed with pain.* Granny was quite scared and Grandad was furious. He gave Tyltyl a tremendous* slap* on the ear.

Tyltyl was shocked* for a moment. Then he put his hand to his cheek.

"Grandad, how good!" he exclaimed. "It was just like the slaps you used to give me when you were alive! I must give you a kiss for it!"

Everybody laughed.

"If you liked it, I can slap you again!" said Grandad, angrily.

But he was touched* and had a tear in his eye.

"Oh, no!" cried Tyltyl, standing up. "It's half-past eight! Mytyl, it's time to go!"

Granny begged them to stay a few minutes longer.

"No, we can't!" said Tyltyl firmly.* "I promised Light!"

---

**naughty** 장난꾸러기의, 말썽꾸러기의  **grab** 움켜잡다, 붙들다  **pot** 항아리, 단지  **yell** 큰 소리를 지르다, 소리치다  **pain** 고통  **tremendous** 엄청난  **slap** 찰싹 (때림)  **shocked** 충격을 받은  **touched** 감정적이 된, 마음이 뜨끔하여  **firmly** 확고하게, 단호하게

And he hurried to pick up the precious* cage.

"Goodbye, Grandad. Goodbye, Granny. Goodbye, brothers and sisters, and you, too, Kiki. We can't stay. Don't cry, Granny. We will come back often!"

Poor old Grandad was very much upset.*

"Oh, how tiring the living are!" he complained.*

Tyltyl promised to come back very often.

"Come back every day!" said Granny. "It is our only pleasure."

"Goodbye!" cried the brothers and sisters in chorus.* "Come back very soon! Bring us some barley sugar*!"

There were more kisses. All waved their handkerchiefs* and all shouted a last goodbye. But the figures began to fade away. The little voices could no longer be heard. The two children were again in the foggy dark forest.

"I'm so frightened!" cried Mytyl. "Give me your hand, little brother! I'm so frightened!"

Tyltyl was shaking too, but it was his duty to comfort his sister.

"Quiet!" he said. "Remember that we are bringing back the Blue Bird!"

As he spoke, light broke through* the fog. Mytyl ran toward it. He was holding his cage tight* in his arms. The first thing he did was to look at his bird. How terrible! The beautiful Blue Bird of the Land of Memory had turned quite black!

He kept staring at the bird, but it was still black! It was the same blackbird that sang at his grandparent's house! What had

---

**precious** 귀중한, 값비싼  **upset** 속상한  **complain** 불평하다, 투덜거리다
**in chorus** 일제히  **barley sugar** 갱엿  **handkerchief** 손수건  **break through** ~을 뚫고 나타나다(돌파하다)  **tight** 단단히, 꽉

happened? How painful* it was!

He had started on his journey so eagerly that he had not thought about the difficulties and dangers. Full of confidence,* courage,* and kindness, he had been certain of finding the beautiful Blue Bird. And now he felt helpless*!

Was he trying to do something impossible*? Was the Fairy making fun of* him? Would he ever find the Blue Bird? All his courage seemed to be leaving him....

To add to his troubles, he could not find the straight road by which he had come. There was not a single white pansy on the ground. He began to cry.

Luckily, Tyltyl and Mytyl did not remain in trouble long. The Fairy had promised that Light would watch over* them. The first test was finished, and the fog suddenly disappeared. But, instead of showing a peaceful cottage, it revealed* an amazing* temple.* Bright light reflected* from it.

Near the front gate stood Light, beautiful in her diamond-colored dress. She smiled when Tyltyl told her of his first failure. She knew what the little ones were searching for. She knew everything.

"Do not be sad," she said to the children. "Are you not pleased to have seen your grandparents? Is that not enough happiness for one day? Aren't you happy to make the blackbird live again? Listen to him singing!"

The old blackbird was singing strongly. His little yellow eyes sparkled with pleasure as he hopped around his big cage.

"As you look for the Blue Bird, dear children, learn to love the gray birds you

---

**painful** 고통스러운, 괴로운  **confidence** 자신, 확신  **courage** 용기
**helpless** 속수무책인, 무력한  **impossible** 불가능한  **make fun of** ~을 놀리다  **watch over** ~을 보살피다, 보호하다  **reveal** 드러내다, 나타내다
**amazing** 놀랄 만한, 굉장한  **temple** 신전, 사원  **reflect** 반사하다, 반향하다

find, too."

She nodded* her fair head seriously.* She knew where the Blue Bird was. But life is often full of* beautiful mysteries. We must respect* them, or we will destroy* them. If Light had told the children where the Blue Bird was, they would never have found him! I will tell you why at the end of this story.

And now let's leave Tyltyl and Mytyl to sleep on beautiful white clouds.

Chapter 04

# The Palace of Night

틸틸 일행은 밤의 정령의 궁전으로 향한다.
밤의 정령은 아이들이 파랑새를 찾지 못하게 방해하려고
유령, 병, 전쟁, 공포 등을 불러내어 겁을 주지만
틸틸은 씩씩하게 마지막 문을 열고 많은 파랑새를 발견한다.

Sometime after, the children and their friends met at dawn* to go to the palace of Night in order to find the Blue Bird. Some of them were not present.* Milk

---

**nod** 끄덕이다  **seriously** 진지하게, 엄숙하게  **be full of** ~으로 가득 차 있다
**respect** 소중히 여기다, 존중하다  **destroy** 파괴하다  **dawn** 새벽, 동틀 녘
**present** 참석하는

hated excitement, so she stayed in her room. Water sent an excuse.* She always traveled on a bed of moss.* She was already tired and was afraid of getting sick. As for Light, she had fought with Night since the world began, and Fire shared her dislike.* Light kissed the children and told Tylo the way, because he was the leader. The group began traveling.

Tylo walked ahead on his back legs, like a little man, but with his nose in the air. He smelled everything and ran up and down even though it made him tired. He felt so important. He only thought about their mission.

Poor Tylo! He was so delighted to become a man, but he was no happier than he was as a dog. Life was the same to him because his nature* had remained unchanged.* He continued to feel and think like a dog. In fact, his troubles were greater because of the great responsibility* he now had.

"Ah!" he said. He helped Tyltyl and Mytyl without thinking about how he would die at the end. "If I get that little Blue Bird, I wouldn't try to eat him, even if he smelled delicious."

Bread followed sadly, carrying the cage. The two children came next, and Sugar was in the back.

But where was the Cat? To discover the reason she was not there, we must read her thoughts. When Tylette called a meeting in the Fairy's hall, she was making a great plan to make the adventure longer. However, she thought the others were too stupid to help her.

"The idiots have very nearly messed up* the whole plan because they looked guilty

---

excuse 변명  moss 이끼  dislike 싫어함, 혐오  nature 본성, 타고난 성격
unchanged 변하지 않는  responsibility 책임, 의무  mess up 망쳐 놓다

in front of the Fairy." she said. "It is better to work alone. We cats always suspect* that others will betray us. It is the same for men! Those who get help are betrayed.* It is better to keep silent."

As you see, the Cat was like the Dog. Her soul had not changed. Yet, of course, she was very wicked, whereas* our dear Tylo was too good. Tylette, therefore, decided to work without the others. Before morning, she would get help from Night, who was an old friend of hers.

The road to the palace of Night was rather long and rather dangerous. There were deep holes on both sides, and you had to climb up and climb down and then climb up again on the high rocks. At last, you came to a dark circle, and there, you had to go down thousands of steps to reach the black-marble underground* palace in which Night lived.

The Cat, who had often been there before, ran along the road, light as a feather. Her cloak waved behind her, and her little gray boots hardly touched the ground. She soon got to where Night was.

It was really a wonderful sight. Night, grand* as a Queen, sat upon her throne.* As she slept, no light or star shone around her. But we know that the night has no secrets for cats and that their eyes can see in darkness. So Tylette saw Night as though it was daytime.

Before waking her, she lovingly* glanced at that familiar* face. It was white and silvery as the moon. It was beautiful and scary.* Night's figure was as beautiful as a Greek* statue*'s figure. She had long arms and a pair of enormous wings that

suspect 의심하다, 의혹을 품다　betray 배반하다, 저버리다　whereas ~에 반하여　underground 지하의　grand 위엄 있는, 당당한　throne 왕좌, 옥좌　lovingly 다정하게　familiar 낯익은, 익숙한　scary 무서운, 두려운　Greek 그리스의　statue 조각상

made her look majestic.* Still, Tylette did not waste too much time staring at her. It was an important moment, and time was short.

"It is I, Mother Night!" she meowed. "I am so tired!"

Night is anxious and easily surprised. Her beauty is made of peace. It possesses the secret of Silence. Things are always breaking that Silence, such as a star shooting through the sky, a leaf falling onto the ground, or the hoot* of an owl.* Night sat up, shaking. Her tremendous wings moved around her.

"What happened?" she questioned Tylette in a shaking voice.

The Cat told her everything about Tyltyl and Mytyl and their adventure searching for the Blue Bird. As soon as she had learned about the coming danger, she began to worry about her future.

"What!" she cried. "A human is coming to my palace? With the help of the magic diamond, they can discover my secrets! What should I do? What will happen to me? How can I defend myself*?"

Even though she was supposed to* be silent, Night began to scream. It was true that making so much noise would not help her. Luckily for her, Tylette understood the difficulties and worries of human life better. She had thought of her plan while running ahead of the children. She hoped to convince* that she would help Night.

"I see only one way, Mother Night." Tylette said. "As they are children, we must scare them so much that they will not open the door at the back of the hall. Behind there, the Birds of the Moon live

---

**majestic** 위엄 있는, 위풍당당한  **hoot** 부엉부엉(부엉이가 우는 소리)  **owl** 부엉이  **defend oneself** 자기방어하다  **be supposed to** ~하기로 되어 있다  **convince** 확신시키다, 납득시키다

and sometimes the Blue Bird too. The secrets of the other caves* will surely scare them. We will be safe if we can scare them."

There was clearly nothing else they could do. But Night didn't have time to answer, for she heard a sound. Then her beautiful face became angry, and her wings opened widely. Tylette realized* that Night agreed with her plan.

"Here they are!" cried the Cat.

The little band* came walking down the steps of Night's dark staircase. Tylo walked bravely in front, whereas Tyltyl looked around him with an anxious glance. He certainly found nothing to comfort him. It was all very magnificent, but very frightening. It was a huge and wonderful black marble hall that looked like a tomb.*

Everywhere was the thickest darkness. Two flames were on either side of Night's throne which was in front a tremendous door of brass.* Bronze* doors were on the right and left.

The Cat ran up to the children.

"This way, little master, this way!" she said. "I have told Night, and she is delighted to see you."

Tylette's soft voice and smile made Tyltyl feel good again. He walked up to the throne with courage and confidence.

"Good day, Mrs. Night!" he said.

Night was hurt by the words, "Good day," which reminded her of her forever* enemy Light.

"Good day?" she said. "I am not used to that! You might say, Good night, or, at least, Good evening!"

Our hero was not ready to fight. He quickly said sorry, as nicely as he could. He

---

**cave** 동굴, 굴  **realize** 깨닫다, 알아차리다  **band** 무리  **tomb** 무덤, 묘
**brass** 놋쇠, 황동  **bronze** 청동, 브론즈  **forever** 영원한

asked very gently if he could look for the Blue Bird in her palace.

"I have never seen him," exclaimed Night, moving her great wings to frighten Tyltyl. "He is not here!"

But he kept asking and showed no fear. She began to fear* the diamond, which, by lighting up her darkness, would completely destroy her power. She wanted to seem generous,* so she told them about the great key that lay on the steps of the throne.

Without a moment's hesitation,* Tyltyl grabbed it and ran to the first door of the hall.

Everybody shook with fright. Bread's teeth shook in his head. Sugar stood far away and cried.

"Where is Sugar?" cried Mytyl. "I want to go home!"

Meanwhile, Tyltyl, determined,* was

trying to open the door, while Night's serious voice proclaimed* the first danger.

"It's the ghosts*!"

"Oh, dear!" thought Tyltyl. "I have never seen a ghost. It must be awful!"

The loyal Tylo was breathing heavily, for he hated ghosts.

At last, the key turned the lock.* Silence was as thick and heavy as the darkness. No one breathed. Then the door opened, and, in a moment, the room was filled with white figures running in every direction.* Some went up to the sky, and others spun themselves around the pillars.* Others ran along the ground.

They were something like men, but it was impossible to see their features.* The moment* you looked at them, they

---

fear 두려워하다　generous 관대한, 아량 있는　without a moment's hesitation 한 순간도 주저하지 않고, 서슴지 않고　determined 굳게 결심한　proclaim 선언하다　ghost 유령　lock 자물쇠　in every direction 사방팔방으로, 각 방면으로　pillar 기둥　feature 이목구비　the moment ~하자마자, ~하는 순간

turned into a white fog. Tyltyl did his best to chase* them because Mrs. Night pretended* to be frightened. She had been the ghosts' friend for hundreds and hundreds of years, and she could make them go away. She was careful not to help them and acted* crazy and frightened.

"Make them go away!" cried Tyltyl. "Help! Help!"

But the poor ghosts, who had hardly ever come out now that men no longer believe in them, were much too happy. If they had not been afraid of Tylo, who tried to bite their legs, they would have never gone back into the room.

"I never saw those things before!" said Tylo when the door was shut* at last. "When you bite them, their legs feel like cotton!"

By this time, Tyltyl was looking at the second door.

"What's behind this one?" he asked.

Night made a gesture.* Did the determined little boy really want to see everything?

"Must I be careful when I open it?" asked Tyltyl.

"No," said Night. "It is a waste of time. It's the Sicknesses. They are very quiet, the poor little things! Open the door and see for yourself."

Tyltyl threw the door wide open and stood astonished. There was nothing there!

He was just about to close the door again, when a little body in a dressing gown* and a cotton nightcap* began to walk around the hall. She shook her head and stopped every minute to cough,*

---

chase 뒤쫓다, 추적하다   pretend ~인 체하다   act ~인 체하다   shut 닫다   make a gesture 몸짓하다   dressing gown 화장용 가운, 목욕 가운   nightcap 나이트캡, 잘 때 쓰는 모자   cough 기침하다

sneeze,* and blow her nose.* Sugar, Bread, and Tyltyl were no longer frightened and began to laugh. But as soon as they came near the little person, they themselves began to cough and sneeze.

"It's the least important of the Sicknesses," said Night. "It's Head Cold.*"

"Oh, dear!" thought Sugar. "If my nose keeps on running like this, I shall melt!"

Poor Sugar! He did not know where to hide himself. He had learned to love life since the journey began, for he had fallen in love with* Water! Yet this love caused him the greatest worry. Miss Water wanted a lot of attention* and did not care who gave it to her. Yet playing too much with Water was dangerous. Every time he kissed water, he melted a little.

When he was suddenly attacked* by Head Cold, he wanted to run from the palace. Yet Tylo chased her and made her go back to the cave while Tyltyl and Mytyl laughed. So far, they thought, this test had not been very terrible.

Tyltyl, therefore, ran to the next door with still greater courage.

"Take care!" cried Night, in a terrible voice. "It's the Wars! They are very powerful!* I do not want to think what would happen if one of them became free! Stand ready, all of you!"

Immediately, Tyltyl felt sorry for rushing.* He tried to shut the door which he had opened. Yet something was pushing it from the other side. Blood* and flames came through the cracks.* They heard screaming and crying and the sounds of cannons* and guns* firing.* Everybody in the palace of Night was

---

sneeze 재채기하다  blow one's nose 코를 풀다  head cold 코감기  fall in love with ~와 사랑에 빠지다  attention 관심, 주목  attack 공격하다, 습격하다  powerful 강력한, 힘 있는  rush 돌진하다  blood 피  crack 갈라진 금, 틈  cannon 대포  gun 총  fire 발사하다

running around, confused. Bread and Sugar tried to run away, but could not find the way out. Thus they tried to help Tyltyl close the door.

The Cat pretended to be anxious but was secretly* happy.

"This may be the end of it," she said, moving her whiskers. "They will be too afraid after this."

Tylo tried to help his little master while Mytyl stood crying in a corner.

"Hurrah!" Tyltyl gave a shout of triumph. "Victory*! Victory! The door is shut!"

At the same time, he fell on the steps. He was so tired and afraid!

"Did you have enough?" asked Night. "Did you see them?"

"Yes, yes!" replied Tyltyl, sobbing. "They are ugly and awful.* I don't think they have the Blue Bird."

"You may be sure they don't," said Night, angrily. "If they did, they would eat him."

Tyltyl stood up proudly.

"I must see everything," he said. "Light said so."

"It's an easy thing to say, because she is afraid and stayed home," said Night.

"Let us go to the next door," said Tyltyl. "What's in here?"

"This is where I keep the Shades* and the Terrors!"

Tyltyl reflected* for a minute.

"I am not afraid of Shades," he thought. "Mrs. Night is making fun of me. I am in darkness right now, and I shall be very happy to see daylight again. As for the Terrors, if they are like the ghosts, we shall have another good joke."

---

**secretly** 남몰래, 비밀스럽게   **victory** 승리   **awful** 무시무시한, 끔찍한
**shade** 그늘, 어둠   **reflect** 곰곰이 생각하다

Tyltyl went to the door and opened it before his companions had time to protest.* They were all sitting on the floor, tired. They were astonished that they all still lived. Meanwhile, Tyltyl threw back the door and nothing came out.

"There's no one there!" he said.

"Yes, there is! Look out!" said Night.

She was very furious. She had hoped the Terrors would scare him! However, they had been ignored for so many years, so now they were afraid of Man. She encouraged* them with kind words. A few tall figures in gray came out. They began to run all around the hall until, hearing the children laugh, they became afraid. They had failed to scare the children. Already, Tyltyl was moving toward the big door at the end of the hall.

"Do not open that one!" said Night, shocked.

"Why not?"

"Because it's not allowed*!"

"Then it's here that the Blue Bird is hidden."

"Do not open that door!"

"But why not?" again asked Tyltyl.

Night became furious at his determination.*

"Not one who has opened that door has ever lived," she said. "It brings death. All the terrors or all the fears on Earth are nothing compared with* those behind the door."

"Don't do it, master dear," said Bread. "Don't do it. Pity us. I beg you on my knees."

"You are sacrificing* the lives of all of us," meowed the Cat.

---

protest 이의를 제기하다, 항의하다  encourage 용기를 북돋우다  allow 허락하다  determination 결심, 단호한 생각  compared with ~와 비교해서  sacrifice 희생하다

"I won't!" cried Mytyl. "I shan't!"

"Pity!" cried Sugar. "Pity!"

All of them were weeping and crying, and all of them crowded* around Tyltyl. Tylo alone did not speak a word, though he fully believed he would die. Two big tears came down his cheeks. It was really a most touching scene, and for a moment, Tyltyl hesitated. His heart beat* quickly, and his throat* was dry with pain. He tried to speak, but he could not. Besides, he did not wish to show weakness in the presence of his companions!

"If I cannot do it, who will?" he thought. "If my friends see my fear, they will not let me get through with* my mission. Then, I shall never find the Blue Bird!"

At this thought, Tyltyl became determined. He decided to sacrifice himself. Like a true hero, he took out the heavy golden key.

"I must open the door!" he cried.

He ran up to the great door with Tylo by his side. The poor Dog was half-dead* with fright, but his pride and devotion* to Tyltyl made him help the boy.

"I shall stay," he said to his master. "I'm not afraid!"

In the meantime, all the others had run away. Bread was turning into pieces, and Sugar was melting in a corner with Mytyl in his arms. Night and the Cat, both furious, stayed at the other side of the hall.

Then Tyltyl gave Tylo a last kiss, hugged him, and put the key in the lock. Yells of terror came from all the corners of the hall, where the runaways* were hiding. The door opened magically,* and Tyltyl was astonished. It was a dream garden

---

**crowd** 바싹 붙어 서다  **beat** 뛰다, 고동치다  **throat** 목구멍  **get through with** ~을 끝내다, ~을 견디다  **half-dead** 넋이 반쯤 나간  **devotion** 헌신, 전념  **runaway** 도망자, 탈주자  **magically** 신비하게, 마법에 걸린 듯이

filled with flowers that shone like stars, waterfalls* that came rushing from the sky, and trees which the moon had clothed in silver. There was something spinning like a blue cloud among the roses. Tyltyl could not believe his eyes. He waited, looked again, and then ran into the garden.

"Come quickly!" he cried. "Come quickly! They are here! Millions of* blue birds! Come, Mytyl! Come, Tylo! Come, all! Help me! You can catch them!"

His friends came running and played among the birds. They wanted to see who could catch the most.

"I've caught seven already!" cried Mytyl. "I can't hold them."

"Nor can I," said Tyltyl. "I have too many of them. They're escaping from* my arms. Let us go out. Light is waiting for us. This way."

And they all danced, happily singing

songs of triumph. Night and the Cat, who were not happy, anxiously went to the great door.

"Did they find him?" she asked.

"No," said the Cat, who saw the real* Blue Bird sitting high up on a moonbeam.* "He is too high up."

Tyltyl and Mytyl quickly ran up the stairs between them and the daylight. Each of them hugged the birds which he had captured. They did not know that daylight was fatal to the poor things. By the time they came to the top of the staircase, they were carrying dead birds.

Light was waiting for them anxiously.

"Well, have you caught him?" she asked.

"Yes, yes!" said Tyltyl. "Lots of them! Look!"

---

**waterfall** 폭포　**millions of** 엄청 많은　**escape from** ~에서 도망치다, ~로부터 달아나다　**real** 진짜의　**moonbeam** 달빛, 월광

As he spoke, he held out* the dear birds to her. He saw, sadly, that they were dead.* Their poor little wings were broken and their heads hung sadly from their necks! Tyltyl, feeling terrible, turned to his companions. They too were hugging dead birds!

Then Tyltyl threw himself crying into Light's arms.

"Do not cry, my child," said Light. "You did not catch the one that is able to live in broad daylight.* We shall find him."

"Of course we shall find him," said Bread and Sugar with one voice.

They were great fools, but they wanted to make him feel better. As for Tylo, he was so stressed* and tired that he forgot he was now a man.

"Are they good to eat, I wonder?"

The group went to go back to sleep in the temple of Light. It was a sad journey.

All missed* the peace of home and wanted to blame* Tyltyl for the danger.

"Don't you think, Mr. Leader, that all this excitement is very useless*?" Sugar whispered to Bread.

"Don't fear, my dear friend," answered Bread arrogantly. "I shall make all this right. Life would be terrible if we had to do everything that little boy wanted. Tomorrow we will stay in bed!"

They forgot that it was because of Tyltyl that they were now alive. In fact, they could not appreciate* good luck until they had bad luck.

Poor things! The Fairy Berylune should have given them wisdom* when she gave them human life. They were only doing the same things men do. Now that they

---

hold out 내밀다  dead 죽은  in broad daylight 백주 대낮에  stressed 스트레스를 받은  miss 그리워하다  blame 나무라다, 비난하다  useless 쓸모없는  appreciate 진가를 알다, 고맙게 생각하다  wisdom 지혜

could speak, they gossiped.* Now that they could judge,* they misjudged.* Now that they could feel, they complained. Their hearts made them sadder instead of happier. They did not use their brains.* They became rusty* inside their heads.

Fortunately, Light was very smart and knew what Bread and Sugar were thinking. She realized that she did not have to use the Things for everything.

"They are useful to feed the children and make them laugh, but they must no longer go with them on the tests because they have no courage."

Meanwhile, the group walked on. The road widened out* and became beautiful. At the end, the temple of Light stood on a crystal.* The tired children made the Dog carry them by turns, and they were almost asleep when they arrived at the shining steps.

# The Kingdom of the Future

틸틸 일행은 다시 미래의 왕국으로 파랑새를 찾으러 간다.
그곳에서는 아직 태어나지 않은 아이들이 미래의 엄마 아빠를 만날 준비를 한다.
그들이 시간의 정령의 눈에 띄어 위험에 처한 순간
빛의 정령이 틸틸에게 파랑새를 준다.

Tyltyl and Mytyl woke up next morning, feeling very happy. They had forgotten their sadness. Tyltyl was very proud of the kind things Light had said to

---

**gossip** 잡담하다, 남의 이야기를 지껄이다  **judge** 판단하다  **misjudge** 잘못 판단하다  **brain** 두뇌, 지능  **rusty** 녹슨, 무디어진  **widen out** 넓어지다  **crystal** 수정

him. She seemed so happy as though he had brought the Blue Bird with him.

"I am quite satisfied," she said with a smile as she pet his dark hair. "You are such a good, brave boy that you will soon find what you are looking for."

Tyltyl did not understand the deep meaning of her words. Yet, he was very glad to hear them. Besides, Light had promised him that today he would have nothing to fear in their new adventure. Instead, he would meet millions and millions of little children, who would show him the most wonderful toys. She also told him that he and his little sister would travel alone with her and that all the others would take a rest.

That was why they had all met in the underground of the temple. Light had locked the Things there so they could not escape or make trouble. The underground parts of her temple were even lighter and lovelier than the floors of human houses. Light alone had the power to enter and exit.*

Usually, this great hall was quite empty,* but now it had sofas in it and a gold table with fruits and cakes and creams and delicious wines. Light had servants, which were very odd*! They always made the children laugh with their long white satin* dresses and their little black caps with a flame at the top. They looked like lighted candles.* Their mistress sent them away and then told the Animals and Things to be very good. She asked them if they would want some books and games to play with, but they answered that nothing amused* them more than eating and

---

exit 퇴장하다, 나가다   empty 텅 빈   odd 이상한, 기묘한   satin 공단, 새틴
candle 양초   amuse 즐겁게 하다

sleeping.

Tylo, of course, did not agree. His heart was better than his greed or his laziness.* His great dark eyes begged Tyltyl, who really wanted to take him. However, Light had forbidden* it.

"I can't help it," said Tyltyl, giving him a kiss. "It seems that dogs are not allowed where we are going."

Suddenly, Tylo jumped up with delight. He had a great idea! He still remembered his life as a Dog. He remembered that he had to wear that awful chain.* He spent many long, sad hours attached to* that chain. He had to endure Tyltyl's father bringing him to the village with that chain. When he wore the chain, he was unable to greet everyone and find all the smells he wanted to smell in the village.

"Well, even though I hate that oppressive* chain, I will wear it again if I can go with my master!" he said to himself.

He had kept his dog collar, but he did not have his chain. What could he do? He was sad again, but then he saw Water lying on a sofa and playing with her long strings* of coral. He ran up to her as prettily as he could and begged her to lend* him her biggest necklace.

She was in a good mood* and not only did she do what he asked, but she also tied the coral string to his collar. Tylo happily went up to his master, handed* him this necklace chain and kneeled at his feet.

"Take me with you like this, my master!" he said. "Men never say a word to a poor dog when he is on his chain!"

"Even like this, you cannot come!" said Light, who was much touched by this act

---

laziness 게으름, 나태  forbid 금지하다  chain 쇠사슬  attach to ~에 붙들어 매다  oppressive 압박하는, 답답한  string 끈, 줄  lend 빌려 주다  in a good mood 기분이 좋은  hand 건네다

of self-sacrifice.* To make him happy, she told him that he would need to help the children later.

As she spoke these words, she touched the emerald wall, which opened. She passed through with the children.

Her chariot* was waiting outside the entrance to the temple. It was jade* and gold. They all sat down, and the two great white birds that pulled it flew off through the clouds. The chariot traveled very fast, and they were not on the road for very long. The children really enjoyed the ride, but other and even more beautiful surprises would come later.

The clouds disappeared around them. Suddenly, they were in a beautiful deep blue palace. Here, all was blue: the light, the stones, the columns, and the doors. Everything, even the smallest objects,* was a deep, fairylike* blue. You could not see where the place ended. You only saw more blue.

"How lovely it all is!" said Tyltyl, who was astonished. "Where are we?"

"We are in the Kingdom* of the Future," said Light. "We are with the children who are not yet born. As the diamond allows us to see clearly in places which are hidden from men, we might find the Blue Bird here. Look at the children running up!"

From every side came little children dressed from head to foot in blue. They had beautiful dark or golden hair, and they were all pretty.

"Come and look at the little live* children!" they all shouted happily.

"Why do they call us the little live children?" asked Tyltyl to Light.

"It is because they are not alive yet,"

---

**self-sacrifice** 자기희생, 헌신  **chariot** 이륜 전차  **jade** 비취, 옥  **object** 물건, 물체  **fairylike** 요정 같은  **kingdom** 왕국  **live** 살아 있는

replied Light. "They are waiting for the hour of their birth. When the fathers and mothers want children, the great doors over there, are opened, and the little ones go down."

"What a lot there are!" cried Tyltyl.

"There are many more," said Light. "No one could count* them. But go a little further.* You will see other things."

Tyltyl pushed his way through,* but it was difficult for him to move because of the crowd of blue children. At last, he was able to look over the many heads and see what was happening in every part of the hall. It was wonderful! Tyltyl had never dreamed of anything like it! He danced with joy. Mytyl clapped her little hands and loudly cried in wonder.*

All around were millions of children in blue, some playing, others walking about, others talking or thinking. Many were asleep. Many were also at work. Their instruments,* their tools,* the machines* which they were building, and the trees, the flowers and the fruits which they were growing or gathering were all blue. Among the children moved tall men and women also dressed in blue. They were very beautiful and looked just like angels. They came up to Light and smiled and gently pushed aside the blue children. They were still watching Tyltyl and Mytyl with astonished eyes.

One of them, however, remained standing close to Tyltyl. He was quite small. Under his long sky-blue* silk dress were two little pink feet. His eyes stared in curiosity* at the little live boy. He went to him even though he looked afraid.

---

**count** 수를 세다  **further** (정도에 있어) 더  **push through** ~을 밀어제치고 나아가다, 뚫고 나아가다  **in wonder** 놀라서  **instrument** 기계, 기구  **tool** 연장, 도구  **machine** 기계, 기계 장치  **sky-blue** 하늘색의  **curiosity** 호기심

"May I talk to him?" asked Tyltyl, who felt half-glad and half-frightened.

"Certainly," said Light. "You must make friends. I will leave you alone. You will be more comfortable alone."

She went away and left the two children face to face, shyly smiling. Suddenly, they began to talk.

"How do you do?" said Tyltyl, putting out his hand to the child.

But the child did not understand what that meant and stood without moving.

"What's this?" continued Tyltyl, touching the child's blue dress.

The child did not answer, but touched Tyltyl's hat with his finger.

"What's this?" he asked.

"It's my hat," said Tyltyl. "Don't you have a hat?"

"No. What is it for?" asked the child.

"You can greet people," Tyltyl answered.

"And then for when it's cold."

"What is cold?" asked the child.

"When you shiver like this: Brrr!" said Tyltyl.

"Is it cold on Earth?" asked the child.

"Yes, sometimes, in winter, when there is no fire."

"Why is there no fire?"

"Because it's expensive. It costs* money to buy wood."

The child looked at Tyltyl again as though he did not understand a word that Tyltyl was saying.

"It's quite clear that he knows nothing of most everyday things," thought Tyltyl. The child stared with great respect* at "the little live boy" who knew everything.

Then he asked Tyltyl what money was.

"It's what you pay with!" said Tyltyl,

---

**cost** (비용이) 들다 **respect** 존경, 경의

who didn't want to answer anymore.

"Oh!" said the child, seriously.

Of course, he did not understand. How could a little boy, who lived in a paradise* where he had everything he wished, understand?

"How old are you?" asked Tyltyl, continuing the conversation.

"I am going to be born soon," said the child. "I shall be born in twelve years. Is it nice to be born?"

"Oh, yes," cried Tyltyl, without thinking. "It's great fun!"

"How were you born?"

But he did not know how. Because of his pride,* he did not want to look ignorant of* anything in another child's presence. He hesitated to answer and put his hands in his pockets.

"I can't remember," at last, he answered, with a shrug of the shoulders. "It's so long ago."

"They say it's lovely, the Earth and the live people!" said the child.

"Yes, it's not bad," said Tyltyl. "There are birds and cakes and toys. Some have them all, but those who have nothing can look at the others."

These words show us Tyltyl's character.* He was proud, but he was never envious* and he was generous. Even though he was poor, he could enjoy life.

The two children talked more. After a while, Light, who was watching them from a distance,* ran to them a little anxiously. Tyltyl was crying! Big tears fell down his cheeks and on his coat. She understood that he was talking about his grandmother and that he could not stop crying because he missed her. He was trying to hide his

---

**paradise** 천국   **pride** 자존심   **ignorant of** ~에 무지한, ~을 모르는
**character** 성격, 기질   **envious** 질투하는, 샘내는   **from a distance** 멀리서

feelings, but the child kept asking him questions.

"Do the grannies die?" asked the child. "What does that mean, dying?"

"They go away one evening and do not come back."

"Has yours gone?"

"Yes," said Tyltyl. "She was very kind to me."

And, at these words, Tyltyl began to cry again.

The blue child had never seen anyone cry. He lived in a world where sadness did not exist. His surprise was great.

"What's the matter with your eyes?" he exclaimed. "Are they making pearls?" He thought tears were wonderful things.

"No, it's not pearls," said Tyltyl, shyly.

"What is it then?"

But Tyltyl thought crying looked weak. He decided his eyes must hurt because of the bright blue color everywhere.

"What's that falling down?" the puzzled* child asked again.

"Nothing," said Tyltyl, impatiently.* "It's a little water."

But the child wanted a real answer.

"Does it come from the eyes?" he asked.

"Yes, sometimes, when someone cries," replied* Tyltyl.

"What does that mean, crying?" asked the child.

"I have not been crying," said Tyltyl proudly. "It's because of the blue light. But, if I had cried, it would be the same thing."

"Do you often cry?"

"Not little boys, but little girls do. Don't you cry here?"

"No, I don't know how."

"Well, you will learn."

---

puzzled 어리둥절한, 곤혹한   impatiently 조바심을 내며, 참을성 없이   reply 대답하다

At that moment, a great wind made him turn his head, and he saw a large machine. He had not noticed it at first. It was a grand and magnificent thing. I cannot tell you its name because the inventions* of the Kingdom of the Future have not been named yet. Tyltyl, when he looked at it, thought that the enormous blue wings were like windmills.* If he ever found the Blue Bird, its wings would not be more beautiful or graceful. He asked the child what it was.

"When I am on Earth, I shall have to invent* the thing that gives happiness," he added when he saw Tyltyl staring. "Would you like to see it? It is over there."

Tyltyl turned around to look, but all the children immediately ran to him.

"No, no, come and see mine!" they shouted.

"Mine is a wonderful invention!"

"Mine is made of sugar!"

"His is no good!"

"I'm bringing a light which nobody knows about."

The last child lit himself on fire.

The live children were brought to the blue workshops,* where each of the little inventors* set his machine going.* There were lots of wheels,* pulleys,* and straps* whirling* in the shop, which sent every sort* of machine running over the ground or flying up to the ceiling. Other blue children showed maps* and plans, opened great big books, or showed statues. Some brought enormous flowers and gigantic* fruits that seemed to be made of sapphires and turquoises.*

Tyltyl and Mytyl stood with their

---

**invention** 발명품, 창안물  **windmill** 풍차  **invent** 발명하다  **workshop** 작업장, 일터  **set going** (기계 따위를) 작동시키다, 가동시키다  **inventor** 발명가  **wheel** 수레바퀴, 바퀴  **pulley** 도르래  **strap** 끈, 줄  **whirl** 빙빙 돌다  **sort** 종류, 부류  **map** 지도  **gigantic** 거대한, 거창한  **turquoise** 터키옥

mouths wide open and their hands together. They thought they were in paradise. Mytyl bent over* to look at a huge* flower.

"The flowers will all grow like that, when I am on Earth!" a pretty child with dark hair and thoughtful* eyes held it by the stalk* and said, proudly.

"When will that be?" asked Tyltyl.

"In fifty-three years, four months, and nine days."

Next came two blue children holding a heavy pole* with a bunch of grapes each larger than a pear.*

"All the grapes will be like this when I am thirty," said one of them. "I have found the way."

Tyltyl would have loved to taste* them, but another child came along almost hidden under a basket. Two tall people helped him carry it. He had a smile on his rosy* face.

"They are my apples!" said the child. "They will all be the size of melons when I am alive*!"

Suddenly, a loud burst of laughter rang* through the hall. A child had spoken of the King of the Nine Planets. Tyltyl looked on every side. All the faces, bright* with laughter, were looking at the same thing. Tyltyl could not see it. They had spoken of a king! He was looking for a throne with a tall, noble person with gold.

"But where is the King?" Tyltyl and Mytyl repeated,* greatly interested.

Then, suddenly, they heard a loud and serious voice.

"Here I am!" it said proudly.

And, at the same time, Tyltyl discovered

---

**bend over** 몸을 숙이다  **huge** 거대한  **thoughtful** 생각이 깊은, 사려 깊은  **stalk** (식물의) 줄기  **pole** 막대기, 장대  **pear** 배  **taste** 맛보다  **rosy** 장밋빛의  **alive** 살아 있는  **ring** 울리다  **bright** 밝은  **repeat** 반복하다, 되풀이하다

a chubby* baby, which was the smallest child. He was sitting and thinking about something very deeply. The little King was the only one who had not cared about the "live children." His beautiful, clear* eyes were thinking about endless* dreams. His right hand supported* his head which was heavy. A golden crown sat on his yellow hair.

"Here I am!" he cried and rose from the step on which he was sitting. He tried to climb in one step, but he was still so clumsy that he fell on his nose. He got up so nobly* that nobody made fun of him. With his legs wide apart, he stood and looked at Tyltyl from top to toe.*

"You're not very big!" said Tyltyl, doing his best to not laugh.

"I shall do great things when I am!" answered the King strongly.

"And what will you do?" asked Tyltyl.

"I shall make the General* Confederation* of the Solar* Planets," said the King in a very arrogant voice.

Tyltyl was so impressed* that he could not say a word.

"All the Planets will be in it, except Uranus,* Saturn* and Neptune,* which are too ridiculously* far away," the King continued.

Then, he walked off the step again and resumed his thinking, showing that he had finished talking.

Tyltyl left him to his thinking. He was eager to* know as many more of children as he could. He was introduced to the discoverer* of a new sun and to the inventor of a new joy. Also, he met the

---

chubby 토실토실 살찐  clear 맑은  endless 끝이 없는, 영원히 계속하는  support 받치다, 지탱하다  nobly 당당하게  from top to toe 머리에서 발끝까지  general 보편적인, 종합적인, 총  confederation 연합, 동맹  solar 태양의, 태양에 관한  impressed 감명을 받은  Uranus 천왕성  Saturn 토성  Neptune 해왕성  ridiculously 터무니없이  be eager to ~을 하고 싶어 하다  discoverer 발견자, 창안자

hero who will stop injustice* on Earth and the scientist who will conquer* Death. There were so many of them that it would take days and days to name them all. Tyltyl was rather tired and was beginning to feel bored.

"Tyltyl!" suddenly a child's voice called to him. "How are you, Tyltyl? How are you?"

A little blue child came running up from the back of the hall, pushing his way through the crowd. He was fair and slim and bright-eyed. He looked like Mytyl.

"How do you know my name?" asked Tyltyl.

"It's not surprising," said the blue child. "I shall be your brother!"

This time, Tyltyl and Mytyl were absolutely amazed. What a wonderful meeting! They must certainly tell Mummy as soon as they got back!

"I am coming to you next year, on Palm Sunday,*" he said.

And he asked a thousand questions to his big brother. Was it comfortable at home? Was the food good? Was Daddy very serious? And Mummy?

"Oh, Mummy is so kind!" said Tyltyl and Mytyl.

And they asked him questions, too. What was he going to do on Earth? What was he bringing?

"I am bringing three illnesses," said the little brother. "Scarlet fever,* whooping cough,* and measles*...."

"Oh, that's all, is it?" cried Tyltyl.

He shook his head, sadly.

"After that, I shall leave you!" he continued.

"Why will you come then?" said Tyltyl,

---

injustice 불공평, 부당함   conquer 정복하다   Palm Sunday 종려 주일
scarlet fever 성홍열   whooping cough 백일해   measles 홍역

feeling rather annoyed.*

"We can't choose!" said the little brother.

They might have started to fight before they met on Earth. Suddenly, however, the blue children ran to meet someone. At the same time, there was a great noise, as if thousands of invisible doors were being opened.

"What's the matter?" asked Tyltyl.

"It's Time," said one of the blue children. "He's going to open the doors."

The excitement became greater. The children left their machines and their work. Those who were asleep woke up. Every eye was eagerly and anxiously looking at the great opal* doors at the back, while every mouth repeated the word "Time." The great mysterious noise continued. Tyltyl was dying to know what it meant. At last, he caught a little child by the arm and asked him.

"Let me be," said the child, very nervously. "It may be my turn* today. It is the Dawn rising. This is the hour when the children who are going to be born today go down to Earth...."

"Who is Time?" asked Tyltyl.

"An old man who comes to call those who are going," said another child. "He is not so bad, but he won't listen or hear. If it is not your turn, he will not let you go. Let me be! It may be my turn now!"

Light now ran toward Tyltyl and Mytyl.

"I was looking for you," she said. "Come quick. Time must not discover you."

As she spoke these words, she threw her gold cloak around the children and brought them to a corner of the hall.

Tyltyl was very glad to be so well

---

**annoyed** 짜증이 난, 약 오른  **opal** 오팔  **turn** 순서, 차례

protected. Time possessed such great and tremendous a power that no human strength* could resist him. He was a god and a monster.* He gave life and he ate it. He ran through the world so fast that you had no time to see him. He took whatever* he touched.

In Tyltyl's family, he had already taken Grandad and Granny, the little brothers, the little sisters, and the old blackbird! He took everything including* joys and sorrows, and winters and summers. Knowing this, Tyltyl was astonished to see everybody in the Kingdom of the Future running so fast to meet him.

"I suppose he doesn't eat anything here," he thought.

There he was! The great doors opened slowly. There was distant music. It was the sounds of the Earth. A red and green light came into the hall. Time appeared in the doorway. He was a tall and very thin old man, so old that his face was all gray, like dust. His white beard* ended at his knees. In one hand, he carried an enormous scythe* and in the other, an hourglass.* Behind him was a magnificent gold sailboat* on the sea.

"Are you ready?" asked Time. His voice sounded as serious and deep as a bronze gong.*

"Here we are!" came thousands of bright children's voices, like little silver bells.

The tall old man pushed all the blue children back.

"One at a time!" he said in a deep voice. "There are many more of you than are wanted! You can't trick* me!"

Using his scythe in one hand and

---

**strength** 힘   **monster** 괴물, 도깨비   **whatever** 무엇이든지   **including** ~을 포함하여   **beard** 턱수염   **scythe** 큰 낫   **hourglass** 모래시계   **sailboat** 범선, 요트   **gong** 벨, 징   **trick** 속이다, 잔꾀를 부리다

holding out his cloak with the other, he stopped the children who tried to get by* him. Not one of them escaped the terrible old man's watchful* eye.

"It's not your turn!" he said to one. "You're to be born tomorrow! Not yours, either. You've got ten years to wait. A thirteenth shepherd*? There are only twelve wanted. There is no need for more. More doctors? There are too many already. They are complaining about it on Earth. And where are the engineers*? They want an honest* man."

The children ran all over the hall. Those who were going packed up* their inventions. Those who were staying made a thousand requests.*

"Will you write to me?"

"They say one can't!"

"Oh, try, do try!"

"Announce* my idea!"

"Goodbye, Jean. Goodbye, Pierre!"
"Have you forgotten anything?"
"Don't lose your ideas!"
"Try to tell us if it's nice!"

"Enough! Enough!" said Time, in a huge voice, shaking his big keys and his terrible scythe.

Then the children climbed into the gold sailboat with the beautiful white silk sails.* They waved their hands again to the little friends whom they were leaving. Yet, they saw the Earth in the distance.

"Earth! I can see it!" they cried out, happily.

"How bright it is!"
"How big it is!"

A song of gladness* and expectation* heard from somewhere distant.

---

**get by** ~을 통과하다, 빠져나가다  **watchful** 방심하지 않는, 경계하는  **shepherd** 양치기, 목양자  **engineer** 기술자  **honest** 정직한  **pack up** 꾸리다  **request** 요청, 요구  **announce** 알리다, 발표하다  **sail** 돛  **gladness** 기쁨, 즐거움  **expectation** 기대, 예상

Light, who was listening with a smile, saw the look of astonishment on Tyltyl's face.

"It is the song of the mothers coming out to meet them," she said.

At that moment, Time, who had shut the doors, saw Tyltyl. He ran at him angrily, shaking his scythe.

"Hurry!" said Light. "Hurry! Take the Blue Bird, Tyltyl, and go in front of me with Mytyl."

She put into Tyltyl's arms a bird which she held hidden under her cloak and, she ran on, protecting her charges* from the attack of Time.

They passed through several turquoise and sapphire rooms. They were magnificently beautiful, but the children were in the Kingdom of the Future, where Time was the great master, and they must escape from his anger.

Mytyl was terribly frightened, and Tyltyl kept nervously turning around to Light.

"Don't be afraid," she said. "I am the only person whom Time has respected since the world began. Just take care of the Blue Bird."

Tyltyl liked this thought. He felt the treasure* moving in his arms. He was afraid to hold the bird's soft wings too tight, and his heart beat against its heart. This time, he held the Blue Bird! Nothing could touch it because it was given to him by Light herself.

He was so happy that he hardly knew where he was going. His joy rang like a bell in his head. He was mad with pride. They were just about to* cross the entrance of the palace, when wind blew through the entrance hall. It lifted up Light's cloak, at

---

**charge** 책임, 임무  **treasure** 보물  **be about to** 막 ~하려고 하다

last revealing the two children to the eyes of Time, who was still chasing them. With a roar* of anger, he swung* his scythe.

Light protected Tyltyl and Mytyl and the door of the palace closed behind them. They were saved. But alas,* Tyltyl had opened his arms and now, through his tears, saw the Bird of the Future flying above their heads in the blue sky.

# In the Temple of Light

틸틸은 파랑새를 놓치고 크게 낙담한다.
빛의 정령은 틸틸과 미틸이 충분히 쉴 수 있도록 배려하고
그들은 방으로 가는 도중 여러 가지 빛을 만난다.

Tyltyl had enjoyed himself in the Kingdom of the Future. He had seen many wonderful things and thousands of little children. Without pains or trouble, he had found the Blue Bird in his arms

---

**roar** 으르렁거리는 소리  **swing** 흔들다, 휘두르다  **alas** 아아(유감·슬픔을 나타내는 감탄사)

in the most magical* way. He had never imagined anything more beautiful or bluer. He still felt it moving against his heart and kept hugging his arms to his chest.

It had disappeared like a dream!

He was thinking sadly as he walked holding hands with Light. They were back in the temple and were going to the rooms where the Animals and Things were. The fools had eaten and drunk so much that they were lying on the floor, sleepy! Tylo was under the table and was snoring like a whale.*

The sound of the door made him prick his ears.* He opened one eye, but he had drunk too much, so he did not know his master's face. He stood up with a great effort,* turned around several times and then dropped on the floor again, satisfied.

Bread and the others were as bad. The only exception* was the Cat, who was sitting up prettily on a marble and gold bench. She seemed to possess all her senses. She jumped to the ground and walked to Tyltyl with a smile.

"I wanted to see you," she said. "I have been very unhappy among all these people. They first drank all the wine and then started shouting and singing and dancing and fighting. They made so much noise that I was very glad when, at last, they fell asleep."

The children praised* her warmly. After fondly* kissing the children, Tylette asked a favor of* Light.

"I have had such a bad time," she said. "Let me go out for a little while. I want to be alone."

Light agreed without suspecting

---

**magical** 마법의, 신비한  **whale** 고래  **prick one's ears** 귀를 쫑긋 세우다
**with a great effort** 엄청난 노력을 하여  **exception** 예외  **praise** 칭찬하다
**fondly** 다정하게  **ask a favor of** ~에게 부탁을 하다

anything. The Cat immediately put on her cloak, put her hat straight, pulled up her soft gray boots, opened the door, and ran into the forest. We shall know, a little later, where the wicked Tylette was going and what her mysterious plan was.

The children had their dinner with Light in a large room covered with diamonds. The servants moved around them smiling and brought delicious dishes and cakes.

After dinner, Tyltyl and Mytyl became sleepy. It was early, but they had many adventures. Light, kind and thoughtful, made them live as they did on Earth. She had put their little beds in a part of the temple where the darkness would seem like night to them.

The children went through many rooms to get to their bedroom. They first had to pass all the lights known to men and then those which men did not yet know.

The children went to the Light of the Poor. Here the children suddenly felt as if they were in their parents' cottage, where everything was so humble* and peaceful. The faint* light was very pure* and clear, but also weak.

Next, they came to the beautiful Light of the Poets, which they liked because it had all the colors of the rainbow. When you walked through it, you saw lovely pictures, lovely flowers and lovely toys which you could not hold. Laughing happily, the children ran after birds and butterflies, but everything faded away.

"I can't understand it!" said Tyltyl.

"You will understand later," Light answered. "If you understand it, you will be one of the few human beings who know

---

**humble** 수수한, 초라한  **faint** 희미한  **pure** 순수한

the Blue Bird when they see him."

Next, Tyltyl and Mytyl came to the Light of the Scholars, which was between the known and the unknown lights.

"Let's go," said Tyltyl. "This is boring."

Truthfully, he was a little bit frightened, for they were in a long row of cold and forbidding* arches. Every moment, lightning* struck. Every time lightning struck, you saw things that had no name yet.

After these arches, they came to the Lights Unknown to Man. Even though Tyltyl was sleepy, he stared at the violet and red hall.

At last, they arrived at the room of smooth* Black Light, which men called Darkness because their eyes couldn't see it. And here the children fell asleep quickly on two soft beds of clouds.

Chapter 07

# The Graveyard

빛의 정령은 틸틸에게
파랑새가 묘지 안에 숨겨진 것 같다고 말해 준다.
틸틸과 미틸은 죽은 자들의 유령이 나올 것을 두려워하지만
용기를 내어 묘지로 간다.

When the children were not going on an adventure, they played about in the Lands of Light. The gardens and the country around the temple were as wonderful as the halls and rooms of silver

---

**forbidding** 험악한, 으스스한  **lightning** 번개  **smooth** 부드러운, 은은한

and gold.

The leaves of some of the plants were so wide and strong that they could lie down on them. When a breath of wind moved the leaves, the children swung as in a hammock.* It was always summer there and never night. Every hour was a different color. There were pink, white, blue, lilac,* green and yellow hours. The flowers, the fruits, the birds, the butterflies and the scents* also changed, which always surprised Tyltyl and Mytyl. They had all the toys that they could wish for.

When they were tired of playing, they sat on the backs of the lizards,* which were as long and wide as little boats. Then they quickly raced around the garden paths, over the sand which was as white and as tasty* as sugar. When they were thirsty, Water shook her hair into the cup of the enormous flowers; and the children drank out of the lilies,* tulips and morning glories.* If they were hungry, they picked bright fruits which had juice that shone like the rays of the sun.

There was also, in the bushes,* a white marble pond which possessed a magic power. Its clear waters reflected not the faces, but the souls of those who looked into it.

"It's a ridiculous invention," said the Cat, who never went near the pond.

Our loyal Tylo was not afraid to go and drink there. He was not afraid to reveal his thoughts, for he was the only creature whose soul was never wicked. He had no feelings but those of love and kindness and devotion.

When Tyltyl bent and looked in the

---

**hammock** 해먹(달아매는 그물 침대)　**lilac** 엷은 자색　**scent** 냄새, 향기
**lizard** 도마뱀　**tasty** 맛있는　**lily** 백합　**morning glory** 나팔꽃　**bush** 관목

magic mirror, he almost always saw the picture of a Blue Bird.

"Tell me where he is," he begged Light. "You know everything. Tell me where to find him!"

"I cannot tell you anything. You must find him for yourself. Cheer up.* You are getting nearer to him at each test," she answered mysteriously and kissed him. "I have received a message from the Fairy Berylune telling me that the Blue Bird is probably hidden in the graveyard.* It seems that one of the dead men in the graveyard is keeping him in his tomb."

"What shall we do?" asked Tyltyl.

"It is very simple. At midnight, you will turn the diamond, and you shall see the dead men come out of the ground."

At these words, Milk, Water, Bread and Sugar began to yell and scream.

"Don't mind them," said Light to Tyltyl,

in a whisper. "They are afraid of the dead men."

"I'm not afraid of them!" said Fire, dancing. "I used to burn them."

"Oh, I feel I am going to be sick," wept Milk.

"I'm not afraid," said the Dog, shaking. "But if you run away,* I shall run away too, happily."

"I know what's what," the Cat said, in her usual mysterious way.

"Be quiet," said Light. "You must stay with me at the gate* of the graveyard. The children are to go in alone."

"Aren't you coming with us?" Tyltyl asked.

"No," said Light. "The time for that has not arrived. Light cannot yet enter among the dead men. Besides, there is nothing

---

**cheer up** 기운을 내다, 힘내다   **graveyard** 무덤, 묘지   **run away** 도망치다
**gate** 문, 대문

to fear. I shall not be far away. Those who love me and whom I love always find me again."

She had not finished speaking, when everything around the children changed. The wonderful temple, the beautiful flowers, and the amazing gardens disappeared. Instead, there was a poor little country cemetery,* which lay in the soft moonlight. Near the children were a number of* graves, grassy* mounds,* wooden crosses,* and tombstones.* Tyltyl and Mytyl were terrified and hugged each other.

"I am frightened!" said Mytyl.

"I am never frightened," said Tyltyl, who was shaking with fear but did not want to say.

"Are the dead men wicked?" asked Mytyl.

"No," said Tyltyl. "They're not alive."

"Have you ever seen one?"

"Yes, once, long ago, when I was very young...."

"What was it like?"

"Quite white, very still and very cold, and it didn't talk...."

"Are we going to see them?"

Tyltyl shook at this question and made an unsuccessful* effort to make his voice strong again.

"Why, of course, Light said so!" he answered.

"Where are the dead men?" asked Mytyl.

"The dead men are here," he said, "under the grass or under those big stones."

"Are those the doors of their houses?" asked Mytyl, pointing to the tombstones.

---

**cemetery** 공동묘지  **a number of** 수많은  **grassy** 풀이 우거진  **mound** 흙더미, 언덕  **cross** 십자가  **tombstone** 묘석, 묘비  **unsuccessful** 성공하지 못한, 실패한

"Yes."

"Do they go out when it's fine?"

"They can go out only at night."

"Why?"

"Because they are in their pajamas."

"Do they go out also when it rains?"

"When it rains, they stay at home."

"And what do they eat?"

Tyltyl stopped to think before answering. As Mytyl's big brother, he felt it was his duty to know everything, but her questions often puzzled him.

"They eat roots!" he guessed.*

Mytyl was quite satisfied and returned to her biggest question.

"Shall we see them?" she asked.

"Of course, we'll see everything when I turn the diamond," said Tyltyl.

"And what will they say?"

"They will say nothing, as they don't talk," he answered impatiently.

"Why don't they talk?" asked Mytyl.

"Because they have nothing to say," said Tyltyl, more annoyed and confused.

"Why do they have nothing to say?"

This time, Tyltyl got angry. He shrugged his shoulders and gave Mytyl a push.

"You're annoying!" he shouted angrily.

Mytyl was greatly upset and confused. She decided to never talk again. But a breath of wind made the leaves of the trees whisper. Suddenly, the children remembered their fears and their loneliness. They hugged each other tightly and began to talk again, so as not to hear the terrible silence.

"When will you turn the diamond?" asked Mytyl.

"You heard Light say that I must wait until midnight, because that is when they

---

**guess** 추측하다

are awake. It is when they fly around in the air."

"Isn't it midnight yet?"

Tyltyl turned around, saw the church clock, and hardly had the strength to answer. It was almost midnight!

"Listen. It is about to strike. There! Do you hear?" he asked.

And the clock struck twelve.

Then Mytyl, frightened to death, began to stamp her feet and scream loudly.

"I want to go away! I want to go away!"

"Not now. I am going to turn the diamond," Tyltyl said even though he was frozen with fear.*

"No, no, no!" cried Mytyl. "I am so frightened, little brother! Don't do it! I want to go away!"

Tyltyl tried to lift his hand. He could not reach the diamond, because Mytyl was hanging with all her weight on her brother's arm.

"I don't want to see the dead men! They will be awful! I am much too frightened!" she screamed.

Poor Tyltyl was as terrified as Mytyl, but at each test, his will and courage were becoming greater. Nothing could make him fail in his mission. The eleventh stroke rang out.

"The hour is passing!" he exclaimed. "It is time!"

He pulled himself from Mytyl's arms, and he turned the diamond.

A moment of terrible silence followed for the poor little children. Then they saw the crosses move, the mounds open, and the tombstones rise up.

Mytyl hid her face against Tyltyl's chest.

"They're coming out!" she cried.

---

**be frozen with fear** 공포로 얼어붙다

"They're there!"

The pain was more than the brave little boy could endure. He shut his eyes and leaned against a tree beside him. He remained like that for a minute that seemed to him like a century.* He did not want to move or breathe.

Then he heard birds singing. He breathed a warm wind. On his hand and on his neck, he felt the soft heat of a humid summer sun. Tyltyl couldn't believe it! He opened his eyes and immediately began to shout with happiness.

From all the open tombs came thousands of lovely flowers. They grew everywhere—on the paths, on the trees, and on the grass. They grew up and up until it seemed that they would touch the sky. Around the flowers, birds sang and bees buzzed.*

"I can't believe it!" said Tyltyl. "It's not

possible! What happened to the tombs and the crosses?"

Confused and astonished, the two children walked, holding hands, through the graveyard which now looked like a wonderful garden on every side. They were so happy after their terrible fright. They had thought that ugly skeletons* would rise from the earth and run after them. They had imagined all sorts of awful things.

And now, in the presence of the truth, they saw that all that they had been told was a great story. They saw that there are no Dead and that Life goes on always, but in new shapes. The fading* rose makes other roses, and its scattered* petals* smell beautiful. The fruits come when the

---

century 1세기, 100년  buzz 윙윙거리다, 윙윙거리며 날다  skeleton 골격, 해골  fade 시들다  scattered 뿔뿔이 흩어진  petal 꽃잎, 화판

blossoms* fall from the trees. The hairy* caterpillar* turns into a brilliant butterfly. Nothing dies, just changes.

Beautiful birds circled all around Tyltyl and Mytyl. There were no blue ones, but the two children were so glad of their discovery that they asked for nothing more.

"There are no Dead!" they repeated.

Chapter 08

# The Forest

틸틸과 미틸은 고양이 틸레트의 술책에 말려들어 숲으로 향한다.
하지만 숲의 나무와 동물의 정령들은 아이들을 습격하고
그때 충실한 개 틸로가 아이들을 구해 준다.

As soon as Tyltyl and Mytyl were in bed, Light kissed them and faded away at once, so the children could sleep in darkness.

It was almost midnight when Tyltyl, who was dreaming of the little blue

---

**blossom** 꽃   **hairy** 털이 많은   **caterpillar** 쐐기벌레, 애벌레

children, felt a soft velvet paw pass on his face. He was surprised and sat up in bed. Yet he relaxed when he saw his friend Tylette's glowing eyes in the dark.

"Quiet!" said the Cat in his ear. "Hush! Don't wake anybody. If we can go out without being seen, we shall catch the Blue Bird tonight. I have risked my life,* my dearest master, in preparing a plan which will bring us victory!"

"But, Light would be so glad to help us...," said Tyltyl, kissing Tylette.

"If you tell her, all is lost," said the Cat, sharply. "Believe me, and do as I say."

As she spoke these words, she quickly dressed Mytyl, who had heard a noise and wanted to go with them.

"You don't understand," complained Tyltyl. "You are too small. You don't know that we are doing a wicked thing."

But the wicked Cat answered by saying

that the reason he had not found the Blue Bird so far was because of Light, who was too bright. Let the children only go hunting by themselves, in the dark, and they would soon find all the Blue Birds that make men's happiness.

The Cat displayed* such cleverness* that soon Tyltyl began to agree with her. He was too weak to resist trickery.* He allowed himself to be convinced and walked out of the temple. Poor little boy!

Our three companions walked across the fields in the white light of the moon. The Cat seemed greatly excited. She kept talking and ran quickly.

"This time, we shall have the Blue Bird," said the Cat. "I am sure of it! I asked all the Trees in the very oldest forest. They know

---

**risk one's life** 목숨을 걸다  **display** 드러내다, 내보이다  **cleverness** 영리함, 빈틈없음  **trickery** 속임수, 사기

him because he hides among them. I sent the Rabbit to call all the Animals in the country."

They got to the dark forest in an hour's time. Then they saw, in the distance, someone who seemed to be running to them. Tylette guessed that it was her old enemy. She became furious. Was he going to stop her plans? Had he guessed her secret? Was he coming to save the children's lives?

"I am sorry to say it is Tylo," the Cat whispered. "His presence will make us fail. The Trees and the Animals in the forest hate him. Do tell him to go back!"

"Go away, you ugly thing!" said Tyltyl, shaking his fist* at the Dog.

Tylo, who had come because he suspected the Cat's plans, was much hurt by these words. He was ready to cry and could think of nothing to say.

"Go away, I tell you!" said Tyltyl again. "We don't want you here."

The Dog, at any other time, would have gone. However, his heart told him that this was serious trouble.

"How could you let him stay?" said the Cat to Tyltyl, in a whisper. "Hit him with your stick."

Tyltyl hit the Dog, as the Cat suggested. The poor Dog cried, but he would sacrifice himself. He went up to his young master courageously.* He hugged him in his arms. Tyltyl, who was a good-hearted little boy, did not know what to do. The Cat became furious. Luckily, Mytyl wanted to help the Dog.

"I want him to stay," she begged.

"I'll find some other way to make him go away," thought the Cat. "We shall be so

---

fist 주먹   courageously 용감하게, 용기를 내어

pleased if you will join us!" she said to the Dog.

As they entered the great forest, the children stayed close together with the Cat and the Dog on either side of them. They were astonished by the silence and the darkness.

"Here we are!" exclaimed the Cat. "Turn the diamond!"

Then the light showed them a wonderful sight. They were standing in the middle of a large space in the heart of the forest. The old Trees seemed to reach up to the sky. Everything was peaceful and still, but suddenly a strange feeling ran through the trees.

The branches moved and stretched* like human arms. The roots came together to make the shapes of legs and feet. A tremendous crash* rang through the air. The trunks* of the Trees burst open and each of them let out* its soul.

Some stepped slowly from their trunks. Others came out with a jump. All of them gathered around Tyltyl and Mytyl with curiosity.

"Little Men!" said the Poplar Tree.* "We shall be able to talk to them! Where do they come from? Who are they?"

The Lime Tree,* who was a happy, fat man, came up calmly,* smoking his pipe. The vain* Chestnut Tree* put on his glasses to stare at the children. He wore a coat of green silk with pink and white flowers. He thought the children looked too poor.

"Oh, dear!" wept the Willow,* a little short man, who wore a pair of wooden shoes too big for him. "They have come to

---

stretch 내뻗다, 쭉 펴다  crash 와르르, 쿵  trunk 나무의 몸통  let out ~을 밖으로 내보내다  poplar tree 포플러, 미루나무  lime tree 참피나무  calmly 고요히, 침착하게  vain 자만심이 강한, 허영에 들뜬  chestnut tree 밤나무  willow 버드나무

cut off my head and arms for firewood*!"

Tyltyl could not believe his eyes.

"Who's this?" he asked the Cat. "Who's that?"

Tylette introduced the soul of each Tree to him.

There was the Elm,* who was chubby and short. Beech* was graceful and full of energy. Birch* looked like the ghosts in the palace of Night. The tallest figure was the Fir Tree.* Tyltyl found it very difficult to see his face. He looked gentle and sad. The Cypress,* who stood near him, dressed all in black, frightened Tyltyl.

However, so far nothing very terrible had happened. The Trees, delighted at being able to talk, were all chatting together. Tyltyl was simply going to ask them where the Blue Bird was hidden, when, all of a sudden,* it became silent.

The Trees bowed respectfully* and

stood aside to make way for* an old Tree dressed in a long dress made with moss and lichen.* He leaned with one hand on a stick and with the other on a young Oak Sapling.* The Sapling helped him because the Old Oak was blind.*

"It's the King!" said Tyltyl to himself, when he saw his mistletoe* crown. "I will ask him the secret of the forest."

He felt surprise and joy. The Blue Bird was sitting on the old Oak's shoulder.

"He has the Blue Bird!" cried Tyltyl, happily. "Quick! Give him to me!"

"Silence!" said the greatly shocked Trees.

"Take off your hat, Tyltyl," said the Cat. "It's the Oak!"

Tyltyl took off his hat with a smile. He

---

**firewood** 장작, 땔나무  **elm** 느릅나무  **beech** 너도밤나무  **birch** 자작나무
**fir tree** 전나무  **cypress** 사이프러스  **all of a sudden** 별안간, 갑자기
**respectfully** 공손하게, 정중하게  **make way for** ~에게 길을 내주다
**lichen** 지의류, 이끼  **sapling** 묘목, 어린 나무  **blind** 눈먼, 장님인  **mistletoe** 겨우살이

did not understand that he was in danger. The Oak asked him if he was Tyl the Woodcutter's son. He did not hesitate to answer, "Yes, Sir!"

"In my family, your father has killed six hundred of my sons, four hundred and seventy-five uncles and aunts, twelve hundred cousins, three hundred and eighty daughters-in-law and twelve thousand great-grandsons!" he said.

Tyltyl listened without protest.

"Excuse me, sir," he said politely. "The Cat said that you would tell us where the Blue Bird is."

The Oak was too old not to know everything about Men and Animals. He smiled in his beard. He guessed the Cat's trick and was glad. He was angry at man for killing his people.

"It's for the Fairy Berylune's little girl, who is very ill," Tyltyl continued.

"Enough!" said the Oak, silencing him. "I do not hear the Animals. Where are they?"

"Here they come!" said the Fir Tree. "They are following the Rabbit. I can see the souls of the Horse, the Ox,* the Cow, the Wolf, the Sheep, the Pig, the Goat, and the Bear."

All the Animals now arrived. They walked on their back legs and were dressed like human beings. They joined a circle with the Trees, except the silly Goat and hungry Pig. The Goat began to dance and play. The Pig looked for truffles.*

"Are all here present?" asked the Oak.

"The Hen could not leave her eggs," said the Rabbit. "The Hare was out for a run, and the Deer has pains in his feet. The Fox is ill. Here is the doctor's letter. The Goose

---

ox 황소  truffle 송로버섯

did not understand, and the Turkey* flew away."

"Look!" whispered Tyltyl to Mytyl. "Aren't they funny? They are just like the rich children's fine toys in the windows at Christmas time."

The Rabbit really made them laugh with his hat over his big ears. He had a blue coat and a drum.

Meanwhile, the Oak was explaining the situation* to the Trees and to the Animals. Tylette was thinking that they must hate humans.

"The child you see in front of you wants to take possession of* our Blue Bird," said the Oak. "He will take from us the secret which we have kept since the origin* of life. If he has that secret, we have no doubt* about what man will do to us. We cannot hesitate. The child must be stopped before it is too late."

"What is he saying?" asked Tyltyl, who did not understand what the Tree meant.

"Do you see my teeth, you old cripple?" the Dog growled.*

"How could he!" said the Beech.

"Make him leave!" shouted the Oak, angrily. "He betrays us!"

"What did I tell you?" whispered the Cat to Tyltyl. "I will fix* things. But send him away."

"Go away!" said Tyltyl to the Dog.

"Let me eat the Oak's moss slippers!" begged Tylo.

Tyltyl could prevent him. Tylo, who understood the danger, was furious. He would have succeeded* in saving his master, if the Cat had not thought of calling in the Ivy.* The Dog ran about like

---

turkey 칠면조   situation 상황   take possession of. ~을 손에 넣다, 점유하다   origin 기원   have no doubt 의심하지 않다, 확신하다   growl 으르렁거리다, 이를 드러내고 위협하는 소리를 내다   fix 고치다   succeed 성공하다   ivy 담쟁이덩굴

a madman, shouting at everybody.

"Come on, fight me, you old ball of string!" he said to the Ivy.

The Trees and the Animals were angry, but they were too afraid to protest. But Tyltyl made him stop, and, suddenly Tylo lay down at his master's feet. The Ivy tied up the poor Dog. He was taken behind the Chestnut Tree and tied to his biggest root.

"Now, this is the first time that we can judge Man!" cried the Oak in a voice of thunder.* "We have had too much injustice to doubt what the judgment* will be."

"Death!" cried every Animal.

The poor children did not at first understand. The Trees and Animals, who were used to talking in their special language, did not speak very clearly. Besides, the innocent* children could never imagine that they wanted to kill them.

"What is the matter with them?" asked Tyltyl. "Are they angry?"

"Don't be surprised," said the Cat. "They are a little annoyed because Spring is late."

And she went on talking into Tyltyl's ear, so he could not listen to the Trees and Animals.

The others were discussing the best way to kill the children. The Ox suggested stabbing* them with his horns.* Beech suggested his highest branch to hang the little children on! The Fir Tree would give the wood for the coffin.*

"The simplest way would be to drown* them in one of my rivers," whispered the Willow.

"We should eat the little girl," the Pig

---

thunder 우레, 천둥   judgment 판단, 심판   innocent 순진한, 천진난만한
stab 찌르다, 찔러 죽이다   horn 뿔   coffin 관   drown 익사시키다

said.

"Silence!" said the Oak. "What we have to decide is which of us attacks them first."

"Our King!" said the Fir Tree.

"I am too old!" answered the Oak. "I am blind and crippled! You, my tree brother, should attack them first."

But the Fir Tree said no. He suggested the Beech.

"I can't," said the Beech. "You know I am weak because of worms.*"

Then the Elm began to complain because his toe hurt. The Cypress and the Poplar said they had a fever.*

"You are afraid of Man!" Oak exclaimed. "Even children with no weapons scare you! Well, even though I am old, I will attack our old enemies alone! Where are they?"

Tyltyl had been very much afraid during the last few minutes. The Cat left him suddenly, saying that she wanted to make the others relax, and did not come back. Mytyl hugged him, shaking. He felt very lonely among these angry Trees and Animals. When he saw the Oak walking toward him, he took out his pocket knife.

"Does the old one want to attack me?" he cried.

But, when they saw the knife, all the Trees shook with fright and ran to the Oak to hold him back.* The Oak was too old to fight back.

"We are weak!" he shouted. "The Animals must help us!"

The Animals were only waiting for this! They were all so eager to attack the humans. Luckily, they could not decide who would do it.

Mytyl screamed.

---

**worm** 벌레  **fever** 열, 신열  **hold back** 제지하다

"Don't be afraid," said Tyltyl, doing his best to protect her. "I have my knife."

"The little boy has a knife!" said the Horse.

"That's the one I shall eat first," said the Pig, looking at Mytyl.

"What have I done to all of you?" asked Tyltyl.

"You've eaten my little brother, my two sisters, my three uncles, my aunt, my grandpapa and my grandmamma. I also have teeth!" said the Sheep.

But the Sheep and the Horse were too scared to fight him until the other Animals fought him first.

While they were talking, the Wolf and the Bear attacked Tyltyl from behind and pushed him over.* It was an awful moment. All the Animals, seeing him on the ground,* tried to get at* him. Tyltyl got on his knees and took out his knife. Mytyl screamed, and it suddenly became dark.

"Help! Help! Tylo!" Tyltyl called. "Where is Tylette? Come! Come!"

The Cat's voice was heard in the distance where she was hiding.

"I can't come!" she cried. "I'm hurt!"

All this time,* brave little Tyltyl was defending himself. He was alone against all of them. He thought that he was going to be killed.

"Help! Tylo! There are too many of them! The Bear! The Pig! The Wolf! The Fir Tree! The Beech! Tylo!"

Then the Dog came jumping, pushing his way through the Trees and Animals. He threw himself in front of his master and defended him furiously.

"Don't be afraid!" cried the Dog. "I know how to use my teeth!"

---

**push over** 떠밀어 넘어뜨리다   **on the ground** 현장에서, 그 자리에서   **get at** ~을 계속 나무라다, ~에게 잔소리를 하다   **all this time** 지금껏 내내

"Idiot!" the other Animals cried. "Simpleton!* Leave him! Come over to us!"

"Never!" shouted the Dog. "I am alone against all of you!"

"Tylo, the Elm hit me!" cried Tyltyl. "My hand's bleeding*!" And he dropped onto the ground.

"They are coming!" said the Dog. "I hear somebody! It is Light! We are saved! They're afraid!"

Light was coming toward them, and with her the dawn rose over the forest.

"What has happened?" she asked, quite surprised seeing the little ones and their dear Tylo covered with wounds.* "Why, my poor boy, didn't you know? Turn the diamond quickly!"

Tyltyl turned the diamond and immediately the souls of all the Trees ran back into their trunks. The souls of the Animals also disappeared. The forest became harmless* once more.

"I would have died if I hadn't had Tylo and my knife," said Tyltyl.

Light decided not to scold* him. Besides, she was very much upset by what had happened to him.

Tyltyl, Mytyl and the Dog, hugged and kissed. They laughingly counted their wounds, which were not very serious.

"The Dog's broken my paw!" Tylette meowed.

Tylo wanted to eat her.

"Never mind!" he said. "It's fine!"

"Leave her alone, will you, you ugly beast," said Mytyl.

Tyltyl and Mytyl went back to the temple of Light to rest after their

---

**simpleton** 바보, 얼간이  **bleed** 피가 나다, 출혈하다  **wound** 상처, 부상
**harmless** 해롭지 않은, 무해한  **scold** 꾸짖다, 야단치다

adventure.

"Let this teach you, dears, that Man is all alone against all in this world," Light said gently. "Never forget that."

Chapter 09

# *The Leave-Talking*

틸틸과 미틸은 결국 파랑새를 찾는 데 실패한다.
빛의 정령은 아이들과 헤어지는 것이 슬프지만
아이들을 집으로 돌려보내야 할 때임을 안다.
아이들은 동물들과 물건들의 정령과 작별 인사를 한다.

Weeks and months had passed since the children's departure* on their journey. Light had been very sad lately. She had counted the days in sorrow without a word to the Animals and Things, who did

---

**departure** 출발

not know what would happen to them.

On their last day, they were all out in the gardens of the temple. Light stood watching them, with Tyltyl and Mytyl sleeping by her side. Much had happened in the past twelve months. Bread had eaten so much that he was now not able to walk. Milk, devoted as ever, pushed him in a wheelchair.* Fire fought with everyone, so he had become very lonely and unhappy.

Water and Sugar were now married. Sugar became smaller every day, while Water was no longer simple and charming. The Cat had remained the liar* that she always was. Tylo still hated her.

"Poor things!" thought Light. "They have traveled and seen nothing of all the wonders around them in my temple. They were either fighting or eating too much. They were too foolish to enjoy their happiness, and now they will lose it."

At that moment, a pretty dove, with silver wings, landed on her knees. It wore an emerald collar around its neck with a note. The dove was from the Fairy Berylune. Light opened the letter.

"Remember that the year is over," the letter read.

Then Light stood up and everything disappeared.

A few seconds later, the whole company was gathered outside a high wall with a small door in it. Tyltyl and Mytyl woke up and looked around in astonishment.

"What?" said Light to Tyltyl. "Don't you know that wall and that little door?"

Tyltyl shook his head. He remembered nothing.

"The wall is around a house which we left one evening just a year ago today," she

---

**wheelchair** 바퀴 달린 의자, 휠체어　**liar** 거짓말쟁이

said.

"Just a year ago?" cried Tyltyl. "We must be near Mummy! I want to kiss her!" And, clapping his hands with joy, Tyltyl ran to the door.

But Light stopped him. She said it was too early. Mummy and Daddy were still asleep, and he must not wake them.

"Besides, the door will not open till the hour strikes,*" she added.

"What hour?" asked Tyltyl.

"The hour we leave each other," Light answered, sadly.

"What!" said Tyltyl. "Are you leaving us?"

"I must," said Light. "The year passed. The Fairy will come back and ask you for the Blue Bird."

"But I haven't got the Blue Bird!" cried Tyltyl. "The one of the Land of Memory turned black, the one of the Future flew away, and the Night's are dead. Those in the Graveyard were not blue, and I could not catch the one in the Forest!"

"Don't worry, dear," said Light. "You did your best. And, though you did not find the Blue Bird, you deserved to do so because of your kindness and courage."

She turned to the Animals and Things, who stood weeping in a corner, and told them to come and kiss the children.

Bread put down the cage at Tyltyl's feet.

"I am leaving you," Bread said, weeping. "You will no longer see me in my living form. Your eyes are about to close to the invisible life of Things. Yet I shall always be there, in the bread-pan on the table beside the soup. I am the most loyal companion, and the oldest friend of Man."

Fire ran forward, grabbed the children,

---

**strike** (시계가) 치다, 알리다

and kissed them.

"Oh! He's burning me!" they screamed in pain.

"Let me kiss the place and make it well," said Water, going up to the children gently.

"Take care," Fire said. "You'll get wet."

"I am loving and gentle," said Water. "I am kind to human beings."

"What about those you drown?" asked Fire.

"Love the wells, listen to the rivers," Water said. "I shall always be there. Try to understand what they are trying to say."

Then she had to stop, for a waterfall of tears came falling from her eyes.

"Think of me when you see the water bottle...."

Then Sugar came up. He couldn't walk well anymore! He said a few words of sorrow and then stopped. He didn't want to cry.

"Where are Tylette and Tylo?" asked Tyltyl.

At that moment, the Cat came running, looking terrible. Her hair was messy.* Her clothes were torn, and she cried as the Dog chased her. He kicked and hit her. The others ran in between them. The Cat accused the Dog of* pulling her tail and beating her. The Dog said he didn't do it.

"I'll keep fighting and beating you!"

But, suddenly, he stopped when Light told him to kiss the children for the last time.

"For the last time?" said poor Tylo.

He was so sad that he could not understand anything.

"Yes," said Light. "We are going to return to silence."

---

**messy** 어질러진, 흐트러진  **accuse A of B** B에 대해 A를 비난하다

The Dog suddenly began to cry and threw himself on the children.

"No! No!" he cried. "I shall always talk! And I shall be very good. You will keep me with you, and I shall learn to read and write and play dominoes*! And I shall always be very clean. And I shall never steal anything in the kitchen again."

He went on his knees,* crying and begging. Tyltyl, with his eyes full of tears, remained silent. Tylo even tried to kiss the Cat. Tylette, who did not possess his spirit of self-sacrifice jumped behind Mytyl.

"You, Tylette, are the only one that hasn't kissed us yet," said Mytyl innocently.*

"I love you both," she said.

"And now, let me give you a last kiss," said Light.

Then she gave them each a long and loving kiss. Tyltyl and Mytyl hung on to her.

"No, Light!" they cried. "Stay here with us! Daddy won't mind. We will tell Mummy how kind you have been. Where will you go all alone?"

"Not very far, my children," said Light. "Over there to the Land of the Silence of Things."

"No, no," said Tyltyl.

But Light quieted them with a motherly* gesture and said words to them which they never forgot.

"Listen, Tyltyl," she said. "Do not forget, child, that everything that you see in this world has neither beginning nor* end. If you remember this, you will always know what to say, what to do, and what to hope for. Do not cry. I do not have a voice like

---

play dominoes 도미노 놀이를 하다   go on one's knees 무릎을 꿇다
innocently 순진하게, 천진난만하게   motherly 엄마 같은   neither A nor B
A도 아니고 B도 아닌

Water. I have only my brightness, which Man does not understand. But I watch over him. Never forget that I am speaking to you in every moonbeam, in every star, in every dawn, in every lamp, in every bright thought...."

At that moment, the grandfather clock in the cottage struck eight o'clock.

"Goodbye!" she said in a faint voice.

Her body faded away, her smile became paler, and her eyes closed. The children saw nothing but a thin ray of light dying* at their feet. Then they turned to the others, but they had disappeared.

Chapter 10

# The Awakening

틸틸과 미틸은 깊은 잠에서 깨어난다.
이상하게도 그들은 여행을 떠난 다음날로 되돌아와 있다.
이때 틸틸은 자신이 오두막집에서 기르던 비둘기가
파랑새임을 알고 깜짝 놀란다.

The grandfather clock in Mr. Tyl the woodcutter's cottage had struck eight. His two little children, Tyltyl and Mytyl, were still asleep in their little beds. Mrs. Tyl was looking at them.

---

**dye** 물들이다

"I can't let them go on sleeping till midday,*" she said. "Come, get up!"

But it was no use* shaking them, kissing them or pulling the blankets* off them. They kept on* falling back on their pillows.*

At last, after receiving a gentle hit in the ribs,* Tyltyl opened one eye.

"Light?" he said. "Where are you?"

"Light!" cried Mrs. Tyl, laughing. "Why, of course, it's light. What's the matter with you?"

"Mummy!" said Tyltyl. "It's you!"

"Why do you stare at me in that way?"

Tyltyl was delighted! It was ages and ages since he had seen his Mummy, and he was never tired of* kissing her.

Mrs. Tyl began to feel worried. He was suddenly talking of a long journey in company of the Fairy and Water and Milk and Sugar and Fire and Bread and Light!

He thought he was away a year!

"But you haven't left the room!" cried Mrs. Tyl, who was now frightened. "It's Christmas Day. Don't you hear the bells in the village?"

"Of course, it's Christmas Day," said Tyltyl. "I went away a year ago, on Christmas Eve! Did you feel very sad? And what did Daddy say?"

"You've been dreaming!" she said. "Get up and get dressed."

He began to dress while his mother kept on looking at him with a scared face.

"Ask Mytyl!" he said. "We have had such adventures! We saw Grandad and Granny. They are dead, but they are quite well. Aren't they, Mytyl?"

And Mytyl, who was now beginning

---

midday 정오, 대낮  it is no use -ing ~해도 소용없다  blanket 담요, 모포
keep on -ing 계속해서 ~하다  pillow 베개  rib 늑골, 갈빗대  be tired of
~하는 것이 지겹다

to wake up, also talked about the Land of Memory.

This was too much for Mrs. Tyl. She ran to the door of the cottage, and called to her husband who was working in the forest.

"Oh, dear!" she cried. "I shall lose them as I lost the others!"

Mr. Tyl soon entered the cottage with his ax in his hand. He listened to his wife's crying while the two children told the story of their adventures over again.

"You see!" said Mrs. Tyl, crying. "They have lost their heads.* Run and get the doctor."

But the woodcutter kissed the little ones, calmly lit his pipe, and said that they did not look sick.

At that moment, the neighbor walked in. She was a little old woman leaning on a stick and very much like the Fairy Berylune. The children at once hugged her.

"It's the Fairy Berylune!"

The neighbor, who could not hear well, ignored what the children said.

"I have come to ask for a bit of fire for my Christmas stew," she said. "Good morning, children."

Meanwhile, Tyltyl had become a little thoughtful. No doubt, he was glad to see the old Fairy again, but what would she say when she heard that he did not have the Blue Bird? He would be brave.

"Fairy Berylune, I could not find the Blue Bird."

"What is he saying?" asked the neighbor, surprised.

"Come, Tyltyl, don't you know Mrs. Berlingot?" said Mummy.

"It's the Fairy Berylune," said Tyltyl.

---

**lose one's head** 흥분하다

"Bery... what?" asked the neighbor.

"Berylune," answered Tyltyl, calmly.

"Berlingot," said the neighbor. "You mean Berlingot."

"Berylune or Berlingot, as you please, ma'am, but I know what I'm saying," he answered.

"We must put a stop to* this," Daddy said. "I will give them a smack* or two."

"Don't," said the neighbor. "It's not worthwhile.* They have been dreaming. They must have been sleeping in the moonbeams. My little girl is often like that."

Mrs. Tyl asked about the health of Berlingot's little girl.

"She's only so-so," said the neighbor, shaking her head. "She can't get up. I know what would cure* her. She was asking for her Christmas present."

She hesitated a little and looked at

Tyltyl.

The others looked at one another in silence. They knew what the neighbor's words meant. Her little girl had always said that she would get well if Tyltyl would give her his dove. Yet, he liked it too much to give it to her.

"Well, won't you give your bird to that poor little thing?" said Mummy. "She has been dying to have it for ever so long!"

"My bird!" cried Tyltyl. "That's true, I forgot about him! Mytyl, do you see the cage? The one which Bread carried? Of course, I'll give him to her."

Then he stopped, in amazement.

"Why, he's blue!" he said. "My dove has turned blue while I was away! It's the Blue Bird we were looking for! We have been miles and miles and miles, and he was here

---

**put a stop to** ~을 중지시키다  **smack** 찰싹 때리기  **worthwhile** 가치 있는, 할 보람이 있는  **cure** 치료하다

all the time! Mytyl, do you see the bird? What would Light say? There, Madame Berlingot, take him quickly to your little girl."

"You see?" Mrs. Tyl cried. "He's being strange!"

Meanwhile, Madame Berlingot, with a big smile, thanked Tyltyl. When Tyltyl gave her the bird, she hugged him in her arms and wept with joy.

"Do you give it to me?" she kept saying. "Goodness,* how happy she will be! I will come back to tell you what she says."

"Yes, yes, go quickly," said Tyltyl. "Some of them change their color!"

Madame Berlingot ran out, and Tyltyl shut the door after her. Then he turned and looked at the walls of the cottage.

"Daddy, Mummy, what have you done to the house?" he asked. "It's much prettier."

His parents looked at each other confused.

"Yes, everything has been painted and made to look new. Everything is clean. Look at the forest outside the window! How big and fine it is! How happy I feel!"

The woodcutter and his wife could not understand their son. There was a reason why the Fairy, in his dream, had given him the diamond. He had learned to see the beauty of things around him. He had passed through tests that made him brave while chasing the Blue Bird. He had become kind. The thought of giving pleasure to others filled his heart with joy.

Tyltyl was right when he thought everything more beautiful. Now that his mind was open, everything looked better. Meanwhile, Tyltyl continued looking

---

**Goodness!** 맙소사!, 어머나!(놀람을 나타내는 감탄사)

around the cottage. He spoke kind words to the bread. He ran to Tylo, who was sleeping in his kennel. He congratulated* him on the good fighting he did in the forest. Mytyl pet Tylette, who was sleeping by the oven.*

"Well, Tylette?" she said. "You know me, I see, but you have stopped talking."

Then Tyltyl put his hand up to his forehead.

"The diamond's gone! Never mind, I don't want it anymore! Ah, there's Fire! Good morning!" He ran to the sink and turned it on. "Good morning, Water! What does she say? She still talks, but I don't understand her as well as I did. Oh, how happy I am!"

"So am I!" cried Mytyl.

And our two young friends held hands and played in the kitchen.

Mrs. Tyl felt a little relieved* at seeing

them so full of life. Besides, Mr. Tyl was so calm. He sat eating his porridge* and laughing.

"You see, they are playing happily!" he said.

"I like Light best of all," said Tyltyl to Mytyl, standing by the window. "You can see her over there, through the trees of the forest. Tonight she will be in the lamp. Oh, dear, how lovely it all is!"

He stopped and listened. He heard laughter and happy voices.

"It's her voice!" cried Tyltyl. "Let me open the door!"

Actually, it was the little girl with her mother, Madame Berlingot.

"Look at her," said Mrs. Berlingot with joy. "She can run. She can dance. When she saw the bird, she jumped!"

---

**congratulate** 축하하다 **oven** 가마, 화덕 **relieved** 안심한, 안도한
**porridge** 포리지

The children clapped their hands and everybody laughed. The little girl was there, in her long white night dress, standing in the middle of the kitchen. She was a little surprised to be standing after so many months of being ill. She smiled and pressed* Tyltyl's dove to her heart.

Tyltyl looked first at the child and then at Mytyl.

"Don't you think she's very like Light?" he asked.

"She is much smaller," said Mytyl.

"But she will grow!"

And the three children gave food to the bird while the parents felt relieved.

The dove had not changed color at all. It was joy and happiness that made him look more beautiful. Tyltyl had discovered Light's great secret. We become happier when we try to give our happiness to others.

But now something happened. Everybody became excited, the children screamed, the parents threw up their arms and ran to the open door. The bird had suddenly escaped! He was flying away as fast as he could.

"My bird!" cried the little girl.

But Tyltyl was the first to run to the staircase, and he returned in triumph.

"It's all right!" he said. "Don't cry! He is still in the house and we shall find him again."

And he gave a kiss to the little girl, who was already smiling through her tears.

"You'll be sure to catch him again, won't you?" she asked.

"Trust me. I now know where he is."

You also, my dear little readers, now know where the Blue Bird is. Dear Light

---

**press** 내리누르다, 압착시키다

showed the children the road to happiness by teaching them to be good and kind and generous.

Truths are good-for-nothing* if we do not test them ourselves. It only takes a moment to tell a child all the wisdom in the world, but our whole lives are not long enough to help us understand it. Our own knowledge is our only light.

Each of us must find happiness for himself. He has to take endless pains* and face* sadness before he becomes happy by loving the wonderful things he already has.

---

**good-for-nothing** 무용지물   **take pains** 수고하다, 전력을 다하다   **face** 직면하다, 마주하다

# 전문 번역

# 나무꾼의 오두막집

p.12 옛날에 한 나무꾼과 그의 아내가 커다란 숲 옆에 있는 작은 오두막집에서 살았다. 그들에게는 두 명의 어린 자식이 있었다. 틸틸(우리의 주인공의 이름)은 열 살이었고, 여동생인 미틸은 여섯 살이었다. 틸틸은 키가 크고 검은 곱슬머리였다. 그 아이의 상냥한 얼굴 때문에 모두 틸틸을 좋아했고, 그 아이는 용감했다. p.13 아침 일찍, 틸틸은 나무꾼인 아빠, 틸 씨와 함께 숲길을 따라 걸었다. 비록 낡은 옷을 입고 있기는 했지만, 틸틸은 당당하고 주눅 들지 않았다.

틸틸의 어린 여동생은 아주 달랐지만 긴 원피스를 입으면 사랑스럽고 예뻐 보였다. 오빠는 머리색이 짙은 검은색이지만, 미틸은 금발이었다. 수줍음 가득한 미틸의 눈은 물망초와 같은 파란색이었다. 모든 것들이 미틸을 겁주었다. 그러나 미틸은 사랑스럽고 상냥했다. 미틸은 또한 자기 오빠를 아주 좋아해서 절대 오빠를 떠나지 않으려고 했다.

우리의 이야기는 우리의 주인공과 그의 여동생이 행복을 찾으려고 어떻게 세상을 샅샅이 조사했는지에 관한 것이다.

틸 씨의 집은 그 지방에서 가장 가난한 집이었다. p.14 그 집은 잘 사는 아이들이 사는 저택 옆에 있어서 훨씬 더 초라해 보였다. 낮에 잘 사는 아이들은 정원으로 나와 놀았다. 정원에 피어 있는 색깔이 고운 꽃들 때문에 사람들은 그 정원을 방문하려고 도시에서 먼 길을 무릅쓰고 왔다.

그러던 어느 크리스마스 전날 밤에 틸 부인은 자식들을 침대에 뉘이며 아이들에게 입을 맞추어 주었다. 틸 부인은 조금 슬펐다. 폭풍우가 치는 날씨 때문에, 틸 씨가 숲으로 일을 하러 나갈 수 없었으므로 틸 부인은 틸틸과 미틸의 긴 양말에 넣어 줄 선물을 살 돈이 없었다. 아이들은 곧 잠들었다.

고양이가 그르렁거리는 소리, 개가 코를 고는 소리 그리고 커다란 괘종시계가 째깍거리는 소리가 나는 것을 빼면 모든 것이 아주 조용했다. 별안간 대낮처럼 밝은 한 줄기 빛이 덧창으로 들어와 환하게 빛났다. 탁자 위에 있는 등불이 다시 밝혀졌다. 두 아이들은 잠에서 깨어 하품을 하고 눈을 비비고 기지개를 켰다.

p.15 "미틸?" 틸틸이 조심스러운 목소리로 불렀다.

"응, 틸틸 오빠야?" 미틸이 말했다.

"잠자는 중이니?"

"오빠는?"

"아니야." 틸틸이 말했다. "내가 너에게 말하고 있는 중이라면 어떻게 내가 잠들어 있을 수 있겠니?"

"오늘이 크리스마스야?" 여동생이 물었다.

"아직 아니야." 틸틸이 말했다. "하지만 산타클로스 할아버지가 올해에는 우리에게 아무것도 가져다 주시지 않을 거야."

"왜?"

"엄마가 산타클로스 할아버지께 와 달라고 말씀드리지 못하셨다고 하시거든. 하지만 내년에는 오실 거야."

"내년이면 지금부터 오랜 시간인 거지?"

"그래." 틸틸이 말했다. "하지만 산타클로스 할아버지는 오늘 밤에 잘 사는 아이들에게 오실 거야."

p.16 "정말?"

"오, 이런!" 틸틸이 소리쳤다. "엄마가 등불을 끄는 걸 잊으셨네! 나에게 생각이 하나 있어!"

"뭔데?"

"일어나자."

"하지만 그래서는 안 되잖아." 미틸이 말했다.

"왜 안 돼? 우리 말고는 아무도 깨어 있지 않아! 덧창이 보이니?"

"오! 아주 환하네!"

"파티에서 나오는 불빛들이야." 틸틸이 말했다.

"무슨 파티?"

"잘 사는 아이들의 파티! 크리스마스트리야. 덧창을 열자."

"그래도 될까?" 미틸이 소심하게 눈치를 살피며 물었다.

"우리를 막을 사람은 아무도 없어. 음악 소리 들리지? 일어나자."

두 아이들은 침대에서 뛰쳐나와 창문으로 달려가서 덧창을 열었다. 밝은 빛이 방 안을 가득 채웠고, 아이들은 열심히 밖을 내다보았다.

p.17 "모든 것이 다 보여!" 틸틸이 말했다.

"나는 안 보여." 키가 너무 작은 가엾은 어린 미틸이 말했다.

"눈이 오고 있어!" 틸틸이 말했다. "각각 여섯 필의 말이 끄는 마차가 두 대 있어."

"열두 명의 사내아이들이 내리고 있어!" 밖을 보려고 안간힘을 쓰고 있는 미틸이 말했다.

"조용히 해! 그리고 봐! 저 아이들은 여자아이들이야."

"나뭇가지들에 매달려 있는 저 금색 물건들은 뭐야?"

"장난감이야!" 틸틸이 말했다. "칼, 총, 병사, 대포……."

"그러면 식탁 위에 있는 저것들은 뭐야?"

"케이크와 과일, 크림 타르트야."

"오, 저 아이들은 참 예쁘다!" 미틸이 손뼉을 치며 말했다.

p.18 "그리고 저 아이들은 참 즐겁게도 웃고 있구나!" 틸틸이 말했다.

"그리고 아이들이 춤을 추고 있어!"

"우리도 춤추자!" 틸틸이 소리쳤다.

두 아이는 즐거워하며 발을 구르기 시작했다.

"저 아이들이 케이크를 먹고 있어!" 틸틸이 말했다. 틸틸은 케이크를 먹는 것이 근사할 것이라고 상상했다.

그들은 춤을 추었고 하하 웃었고 기분이 아주 좋았다. 그들은 다른 아이들이 즐거워하니까 아주 기분이 좋아져서 자신들이 얼마나 가난한지도 잊어버렸다. 갑자기 문가에서 쾅쾅 요란하게 문 두드리는 소리가 났다. 놀란 아이들은 놀다가 멈추었고 너무 겁이 나서 움직이지도 못했다. 커다란 소음을 내며 문이 천천히 열리고 몸집이 작은 어떤 노파가 안으로 들어왔다. 노파는 초록색 옷을 입고 빨간색 두건을 머리에 쓰고 있었다. 노파는 절름발이였고 눈은 하나뿐이었다. 노파의 코는 길었다. 노파는 지팡이에 몸을 의지하고 걸었다. p.19 노파는 분명히 마녀였다.

"너희는 노래하는 풀이나 파랑새를 가지고 있니?" 노파가 아이들에게 물었다.

"풀은 좀 있지만, 노래는 못해요……." 겁을 먹은 틸틸이 말했다.

"틸틸 오빠에게는 비둘기가 있어요." 미틸이 말했다.

"하지만 그 비둘기는 제 것이기 때문에 그냥 드릴 수는 없어요." 틸틸이 재빨리 말했다.

노파는 커다란 둥근 안경을 쓰고 새를 살펴보았다.

"저 새는 충분히 파랗지가 않구나." 노파가 소리쳤다. "나는 무조건 파랑새를 가져야 해. 파랑새는 나의 어린 딸아이를 위한 것인데, 그 아이는 많이 아프단다. 파랑새는 행복을 상징해. 내 딸아이가 건강해지기 위해서는 행복해야 하거든. 이제 나는 너희에게 세상으로 나가 내 딸아이를 위해 파랑새를 찾아 주기를 부탁하마. p.20 너희는 즉시 출발해야 할 거야. 너희는 내가 누구인지 아니?" 노파가 신비한 목소리로 속삭였다.

아이들은 어리둥절해서 서로를 흘끗 보았다. 그들은 전에 마녀를 본 적이 없었으며, 마녀 앞에서 다소 겁을 먹은 상태였다.

"할머니는 저희 이웃인 벨링고 아주머니와 비슷해 보여요……." 틸틸이 공손하게 말했다.

벨링고 부인의 가게는 아주 즐거운 곳이었다. 그 가게에는 사탕, 구슬, 막대 초콜릿, 그리고 암탉들이 있었다. 장이 서는 기간에는 커다란 생강 빵 인형들이 있었다. 벨링고 부인은 그 마녀의 코만큼 코가 못생겼고, 나이도 많았으나, 아주 친절했다. 벨링고 부인에게는 어린 딸이 있었는데 그 아이는 예전에 일요일마다 나무꾼의 아이들과 함께 놀곤 했다. 슬프게도 그 가엾은 여자아이는 병명이 알려지지 않은 어떤 병으로 늘 아팠다. 여자아이가 아플 때면, 벨링고 부인은 틸틸의 비둘기와 함께 놀게 해 달라고 사정하고 빌곤 했다. p.21 하지만 틸틸은 그 새를 너무 좋아해서 벨링고 부인에게 그 새를 주지 않으려고 했다.

노파는 무척 화가 났다. 그 노파는 사실 요정이었으므로 독특하고 특별해지고 싶어 했다. 마법으로 요정은 자신의 생김새를 바꿀 수 있었다.

"내가 어떻게 생겼니?" 요정이 틸틸에게 물었다. "내가 예쁘니 아니면 못생겼니? 늙었니 아니면 젊니?"

요정은 틸틸이 친절한지 알아보기 위해서 이러한 질문들을 물어보았다. 틸틸은 솔직한 의견을 내놓고 싶지 않아서 대답하지 않았다.

"나는 요정 베릴룬이란다!" 요정이 외쳤다.

"오, 맞아요!" 덜덜 떨면서 틸틸이 대답했다.

p.22 이 말은 요정을 흡족하게 했다. 요정은 아이들에게 옷을 입으라고 말했다.

"네 아버지와 어머니는 어디에 계시니?" 요정이 물었다.

"저쪽에요." 틸틸이 오른쪽에 있는 문을 가리키며 말했다. "부모님은 주무시고 계세요."

"그러면 할아버지와 할머니는?"

"돌아가셨어요."

"남동생이나 여동생은 있니?"

"오, 있어요. 남동생이 세 명 있어요!" 틸틸이 말했다.

"그리고 여동생은 네 명 있어요." 미틸이 덧붙였다.

"그 아이들은 어디에 있니?" 요정이 물었다.

"그 아이들도 죽었어요." 틸틸이 대답했다.

"동생들을 다시 보고 싶니?"

"오, 그럼요! 저희에게 동생들을 보여 주세요!"

"내가 그 아이들을 호주머니에 넣어 둔 것은 아니란다." 요정이 말했다. "하지만 다행히도 추억의 나라를 지나갈 때 너희들은 그 아이들을 보게 될 거야. 그 나라는 파랑새에게 가는 도중에 있단다. p.23 내가 문을 두드릴 때 너희는 무엇을 하고 있었니?"

"저희는 케이크를 먹는 것을 상상하고 있었어요." 틸틸이 말했다.

"너희 케이크가 어디에 있는데?"

"잘 사는 아이들의 집 안에요. 와서 보세요. 참 근사해요!"

틸틸은 요정을 창문으로 데려갔다.

"하지만 케이크를 먹고 있는 것은 다른 아이들이잖니!" 요정이 말했다.

"네, 하지만 저희는 그 아이들이 먹는 것을 볼 수 있잖아요." 틸틸이 말했다.

"그 아이들이 질투나지 않니?"

"왜요?"

"케이크를 몽땅 다 먹고 있으니까. 저 아이들이 너희에게 조금 나누어 주지 않는 것은 아주 잘못된 일인 것 같구나."

"절대로 그렇지 않아요. 그 아이들은 부자니까요! 저쪽에 있는 집이 참 예쁘지 않으세요?"

"이 집도 예쁜데, 너희는 볼 수 없는 거로구나."

p.24 어린 사내아이는 마음씨가 고왔다. 그 아이는 행복해질 자격이 있었으므로 요정은 마법의 다이아몬드가 달린 작은 모자를 그 아이에게 주고 싶어졌다. 그 다이아몬드에는 마법의 힘이 있었다. 그것은 늘 진실을 보여 주었고, 틸틸이 만물의 내면을 보도록 도와줄 것이었다. 만물은 모두 그 안에 생명을 가지고 있다.

요정은 옆으로 메고 있던 커다란 가방에서 그 작은 모자를 꺼냈다. 모자는 초록색과 흰색이 섞여 있었고 가운데에는 커다란 다이아몬드가 반짝거리고 있었다. 틸틸은 기뻤다. 요정은 그 다이아몬드가 어떻게 작동하는지 틸틸에게 설명해 주었다. 다이아몬드의 윗부분을 누르면 만물의 영혼이 보인다. 다이아몬드를 오른쪽으로 돌리면 과거를 발견하게 되고, 왼쪽으로 돌리면 미래가 보인다.

틸틸은 미소를 짓고 기뻐서 춤을 추었지만, 갑자기 그 작은 모자를 잃어버릴까 봐 겁이 났다.

"아빠가 저에게서 그 모자를 빼앗아 가실 거예요!" 틸틸이 소리쳤다.

"아니." 요정이 말했다. "네가 그 모자를 쓰면, 너 말고 다른 사람은 아무도 모자를 볼 수 없단다."

p.25 "네, 그렇군요!" 아이들이 박수를 치며 소리쳤다.

모자가 틸틸의 머리에 놓이자마자 마법이 모든 것을 변화시켰다. 나이 든 요정은 반짝거리는 보석으로 뒤덮여 있는 비단 옷을 입은 젊고 아름다운 공주로 변했다. 오두막집의 벽은 깨끗하고 보석처럼 반짝거렸으며 가구들은 대리석처럼 빛났다. 두 아이는 박수를 치고 기뻐서 소리를 지르고 이쪽저쪽으로 뛰어다녔다.

"오, 참 예쁘시네요!" 틸틸이 소리쳤다.

미틸은 아름다운 공주 드레스를 보고 몹시 놀랐다.

하지만 더 큰 놀라운 일들이 있었다! p.26 갑자기 괘종시계 문이 열리고 고요한 주위가 아름다운 음악으로 가득 채워졌다. 웃고 있는 열두 명의 작은 무용수들이 아이들의 주변을 빙글빙글 돌기 시작했다.

"저들은 네 인생의 12시간의 정령들이란다." 요정이 말했다.

"그들과 같이 춤을 춰도 돼요?" 틸틸이 물었다. 그들은 새처럼 마룻바닥을 콩콩 뛰어다녔다.

하지만 바로 그때 틸틸이 갑자기 웃음을 터뜨렸다! 저 우스운 뚱뚱한 남자는 누구였지? 그는 밀가루로 뒤덮여 아이들을 향해 달려왔다. 그것은 빵의 정령이었다! 빵의 정령의 얼굴은 밀가루 반죽으로 만들어져 있었고, 배가 아주 둥글고 크게 불러 있어서 손을 맞잡을 수도 없었다. 빵의 정령은 가슴 부분에 가로 줄무늬가 있는 옷을 입고 있었다. 빵의 정령은 머리 위에 거대한 둥근 빵을 쓰고 있었는데, 그것은 터번처럼 보였다.

빵의 정령이 납작한 프라이팬을 떠나자마자 그와 똑같이 생겼지만 더 작은 다른 빵 덩어리들이 뒤따라 왔고 12시간의 정령과 함께 춤을 추기 시작했다. p.27 밀가루는 도처에 흩뿌려졌다. 그것은 이상하고도 매력적인 춤이었다. 아이들은 기뻤다. 12시간의 정령들은 빵 덩어리들과 함께 왈츠를 추었다. 접시들은 서랍장 위에서 위아래로 깡충깡충 뛰었다. 찬장 안의

접시들은 쨍그랑쨍그랑 서로 부딪히며 춤을 추었다. 포크들이 칼들과 너무 요란하게 수다를 떨어서 아무 소리도 들리지 않을 정도로 너무나 시끄러워졌다!

만약 그 소음이 계속되었다면, 틸 씨 부부는 잠에서 깼을 것이었다. 다행히도 거대한 불꽃이 굴뚝에서 나와 대단히 붉은 백열광으로 방 안을 가득 채웠다. 집에 불이 난 것처럼 보였다. 모두 구석으로 달려가 조용히 있었다. p.28 틸틸과 미틸은 깜짝 놀라서 울었고 착한 요정의 망토 아래에 머리를 들이밀고 숨었다.

"두려워하지 마라." 요정이 말했다. "불의 정령일 뿐이야. 불의 정령은 착하지만, 너희는 그를 만지지 않는 것이 좋을 거야."

요정의 망토에 달린 아름다운 금색 레이스 사이로 걱정스럽게 지켜보다가 아이들은 어떤 키가 큰 붉은 남자가 자신들을 바라보고 있는 것을 보았다. 그 남자는 그들을 보고 웃었다. 그 남자는 진홍색 타이츠를 신고 있었다. 그의 머리카락은 머리 위로 똑바로 곤두서 있었다. 그 남자는 자신의 팔다리를 흔들고 미친 사람처럼 방 안을 뛰어다니기 시작했다.

틸틸은 다소 긴장이 풀리기는 했지만, 여전히 요정 뒤에 숨어 있었다. 그때 요정 베릴룬이 자신의 요술 지팡이로 개수대를 가리켰다. 갑자기 분수처럼 눈물을 줄줄 흘리는 젊은 여자가 나타났다. 그것은 물의 정령이었다. 물의 정령은 아주 예뻤으나 몹시 슬퍼 보였다. 물의 정령의 목소리는 샘물 같은 소리가 났다. p.29 물의 정령의 긴 머리카락은 해초로 만들어져 있었다. 물의 정령의 옷은 여러 가지 색깔로 반짝거리는 물이었다. 물의 정령은 처음에 주저하면서 자기 주변을 슬쩍 쳐다보았다. 물의 정령은 불의 정령을 보았고 그에게 물을 뿌리면서 화를 내며 달려들었다. 불의 정령은 몹시 화가 나서 연기가 나기 시작했다. 그럼에도 불구하고 불의 정령은 숙적을 물리칠 수 없다는 것을 알았다. 불의 정령은 구석으로 물러났다. 물의 정령 또한 물러났고, 상황은 다시 평화로워진 것 같았다.

두 아이들은 다음에 무슨 일이 일어날지 요정에게 물었다. 무언가 깨지는 소리가 그들의 시선을 식탁 쪽으로 돌리게 했다. 얼마나 놀라운 일이었던지! 바닥에 놓여 있던 우유 통이 산산조각 났다. 그 조각들 사이에서 매혹적인 여인이 일어섰는데, 그녀는 공포로 비명을 질렀다.

p.30 틸틸은 그녀가 우유의 정령임을 알았기 때문에 그 여인을 위로해 주려고 했다. 틸틸은 우유의 정령을 무척 좋아했으므로 그녀에게 다정한

입맞춤을 해 주었다. 우유의 정령은 산뜻하고 예뻤다. 우유의 정령의 흰 드레스는 크림으로 뒤덮여 있었고 맛있는 냄새가 났다.

한편 미틸은 설탕 덩어리를 지켜보고 있었는데, 이 덩어리 또한 살아나고 있는 것 같았다. 그것은 파란 종이에 싸여 있었다. 마침내 길고 가는 팔이 나오고 뒤이어 삼각형 모양의 머리가 나왔다. 설탕의 정령은 너무 우습게 생겨서 아이들은 그의 얼굴을 보고 웃었다!

"틸틸, 이것은 설탕의 정령이란다. 설탕의 정령의 호주머니는 설탕으로 가득 차 있고 그의 손가락 하나하나는 막대 설탕이지." 요정은 그 남자를 소개해 주었다. 아이들은 자신들이 그 남자에게 공손하게 굴어야 한다는 것을 깨달았다.

"멍멍! 안녕하세요! 이제야 드디어 우리가 이야기를 나눌 수 있게 됐네요! 제가 멍멍 짖고 꼬리를 흔들었을 때, 꼬마 주인님은 전혀 이해를 못하셨어요! 저는 꼬마 주인님을 사랑해요!" 착한 개 틸로가 말했다.

p.31 그 친절한 동물은 예전에 아이들과 함께 숲으로 가곤 했고, 현관을 충실하게 지켰다! 틸로는 다소 너무 짧은 듯한 뒷다리로 걸었으므로 꼴사나웠다. 틸로의 외투는 겨자색이었고, 까만 코가 달린 불도그의 머리를 취하고 있었다. 틸로는 오랫동안 침묵하고 있었기 때문에 될 수 있는 한 빠르게 그리고 모든 것에 대해 말했다. 틸로는 아이들에게 입을 맞추고 그들을 '자신의 꼬마 주인님들'이라고 불렀다.

틸로는 뛰어다니고, 가구를 쿵 쳤으며, 꼬리를 흔들었다. 틸로는 헉헉거리며 가쁘게 숨을 쉬었다. 틸로는 단순하고 마음이 넓었다.

아이들과 함께 놀고 나서 틸로는 모두와 인사를 나누기 시작했다. p.32 틸로는 자신의 기쁨을 억누를 수가 없었다. 틸로는 사람이 되어 매우 행복했다. 하지만 틸로는 지독하게 질투가 많았다. 틸로의 마음은 사람으로 소생한 고양이 틸레트를 보았을 때 시샘을 느꼈다. 아이들은 틸로를 어루만져 준 것과 같은 방식으로 틸레트를 어루만져 주고 뽀뽀해 주었다. 오, 틸로가 얼마나 그 고양이를 싫어했던지! 틸로는 틸레트와 함께 자기 가족을 공유하는 것이 몹시 싫었다. 하지만 틸로는 틸레트를 받아들였는데, 그것이 아이들을 기쁘게 해 주기 때문이었다.

'오, 세상에는 정의가 남아 있지 않구나!' 틸로는 생각했다.

한편 고양이는 자기 몸을 핥아 씻는 동안 발 하나를 소녀에게 올려놓았다. 틸레트는 정말로 아주 예쁜 고양이였다. 틸레트의 눈은 토파즈와 에메랄드를 섞어 놓은 것 같았다. 틸레트의 근사한 검은 우단 같은 털이 덮여 있는 등을 어루만지지 않고 배길 수 있는 사람은 아무도 없었다. 모두 틸레트의 우아함, 상냥함, 그리고 당당함을 사랑했다.

"안녕하세요!" 틸레트가 상냥하게 미소를 지으며 미틸에게 말했다. "오늘 밤에는 기분이 좋아 보이시네요!" p.33 아이들은 틸레트를 어루만져 주었다. 틸로는 방의 반대편 끝에서 고양이를 계속 지켜보았다.

"뒷다리로 사람처럼 서 있으니까 꼭 악마처럼 보이는군." 틸로가 조용히 말했다. "틸레트는 뾰족한 귀와 긴 꼬리를 가졌고, 그녀의 드레스는 새까매. 또한 내가 몹시 싫어하는 마을의 굴뚝 청소부같이 생겼어. 비록 아이들은 틸레트를 진짜 사람이라고 말하지만, 나는 저 고양이가 진짜 사람이라고 생각하지 않아. 나는 아이들이 아는 것보다 더 많은 것을 알고 있단 말이지!"

틸로는 더 이상 자제하지 못했다. 틸로는 고양이에게 펄쩍 뛰어 달려들었다.

"나는 틸레트에게 겁을 줄 거야." 틸로가 큰 소리로 하하 웃으며 외쳤다. "멍, 멍, 멍!"

p.34 하지만 고양이는 동물이었을 때조차도 품위를 지켰던 터였다. 틸레트는 자신에게는 중요한 미래가 있다고 생각했다. 그러나 틸레트는 개를 시골뜨기라고 여겼다. 틸레트는 개와 함께 시간을 낭비하려고 하지 않았다.

"선생님, 저는 당신을 몰라요." 혐오감을 느끼며 틸레트가 말했다.

틸로는 마음이 상해서 껑충 뛰었다. 고양이는 뒤로 물러났고, 그녀의 털은 곤두섰다. 작은 분홍색 코 밑에 있는 틸레트의 수염은 움츠러들었다. 틸레트는 수염이 자신의 새까만 미모에 한몫을 더한다고 생각했기 때문에 자신의 수염을 무척 자랑스러워했다. "츳! 츳!" 틸레트는 등을 둥글게 말아 올리고 꼬리를 들어 올리며 경계하는 소리를 냈다. 틸레트는 중국 도자기 꽃병 맨 위에 있는 용처럼 옷장 위에 섰다.

틸틸과 미틸은 깔깔거리며 웃어댔다. 중대한 일이 일어나지 않았더라면 개와 고양이는 계속 싸웠을 것이었다. 밤 11시에 한낮의 태양처럼 밝은 빛이 갑자기 방 안에 들어왔다.

p.35 "오, 이런! 햇빛이야!" 이제 몹시 어리둥절한 틸틸이 말했다. "아빠가 뭐라고 하실까?"

하지만 요정이 틸틸의 말을 정정해 주기 전에 틸틸은 그 빛 앞에 무릎을 꿇었다.

창가 커다란 햇무리의 중앙에서 최고로 아름다운 아가씨가 일어섰다! 빛나는 옷이 그녀를 감싸고 있었지만 그녀의 미모를 감추지는 못했다. 그 아가씨의 팔은 무언가를 주겠다는 몸짓을 하며 바깥쪽으로 뻗어 있었다. 그녀의 커다랗고 맑은 눈은 자신을 바라보는 모두를 따뜻하게 안아주듯 감쌌다.

"여왕님이야!" 틸틸이 말했다.

"요정 공주님이야!" 오빠 옆에 무릎을 꿇으며 미틸이 소리쳤다.

p.36 "아니야, 애들아." 요정 베릴룬이 말했다. "그것은 빛의 정령이야!"

미소를 지으며, 빛의 정령은 두 아이를 향해 걸어왔다. 그녀는 대지의 힘과 아름다움을 지닌 하늘의 빛의 정령이었다. 빛의 정령은 자신이 한 번도 붙잡혀본 적이 없었기 때문에 자부심을 가지고 있었다. 빛의 정령은 우주에 살았으며 모두에게 자신의 선물을 주었다. 빛의 정령은 잠깐 동안 인간의 형상 안에 갇히는 것에 동의했다. 빛의 정령은 아이들에게 세상에 대해 가르쳐 주어야 했고 그들에게 다른 빛의 정령, 즉 마음의 빛의 정령에 관해 가르쳐 주어야 했다. 우리는 절대로 이 빛을 볼 수 없지만, 이 빛은 존재하는 모든 것을 볼 수 있도록 우리를 도와준다.

"빛의 정령이다!" 물건들과 동물들이 소리쳤다. 그들은 모두 빛의 정령을 사랑했으므로 그녀를 빙 둘러싸고 춤을 추기 시작했다. 틸틸과 미틸은 기뻐하며 춤을 추었다. 그들은 절대로 파티가 이렇게 재미있거나 아름다울 거라고 상상해 본 적이 없었다. 그들은 제일 큰 소리로 소리를 질렀다.

갑자기 벽에서 두드리는 소리가 세 번 들렸다. p.37 그 소리는 너무나 커서 집이 무너질 것 같았다! 소음 때문에 잠이 깬 틸 씨였다. 틸 씨는 그 소음이 그만 나게 하고 싶어 했다!

"다이아몬드를 돌려!" 요정이 틸틸에게 소리쳤다.

우리의 주인공은 재빨리 들은 대로 했지만, 그것을 제대로 하는 방법은 알지 못했다. 게다가 자기 아버지가 오고 있다고 생각했기 때문에 틸틸의 손은 떨렸다. 사실 틸틸은 너무나 어설퍼서 다이아몬드를 거의 깨뜨릴 뻔했다.

"그렇게 빨리 하면 안 돼, 그렇게 빨리 하지 마!" 요정이 말했다. "오, 애야, 너는 다이아몬드를 너무 빨리 돌렸어!"

그와 동시에 모두가 뛰고 있었다. 오두막집의 벽들은 마법을 잃었다.

모두 제자리로 돌아가기 위해서 이리저리 뛰어다녔다. p.38 불의 정령은 그의 굴뚝을 찾을 수가 없었다. 물의 정령은 그녀의 개수대를 찾아 뛰고 있었다. 설탕의 정령은 그의 찢어진 설탕 포장지 앞에서 울었다. 빵의 정령은 다른 빵 덩어리들이 프라이팬의 모든 공간을 차지하고 있기 때문에 자신의 납작한 프라이팬 안으로 비집고 들어갈 수 없었다. 개로 말하자면, 개집에 나 있는 구멍 크기에 비해 너무 크게 자랐고, 고양이 또한 바구니 안으로 들어갈 수가 없었다. 12시간의 정령들만 재빨리 괘종시계 안으로 들어갔다.

빛의 정령은 움직이지 않고 서 있었다. 빛의 정령은 요정 베릴룬 주위에서 울기만 하고 있는 다른 정령들보다 차분해 보였다.

"무슨 일이 일어날까요?" 정령들이 물었다. "위험은 없나요?"

"자, 너희들에게 진실을 말해 주어야겠구나." 요정 베릴룬이 말했다. "두 아이들과 동행하는 모든 이들은 여행이 끝날 때 생명을 잃게 될 거야."

가능한 한 오래 사람으로 남아 있는 것에 기뻐했던 개를 제외하고 그들은 울기 시작했다. p.39 개는 이미 빛의 정령 옆에 서 있었다. 개는 확실히 자신의 꼬마 주인과 여주인과 함께 가고 싶어 했다.

그 순간 전보다 훨씬 더 무시무시한 벽 두드리는 소리가 났다.

"또 아빠예요!" 틸틸이 말했다. "아빠가 일어나고 계세요! 이번에는 아빠가 걸어오고 계시는 소리가 들려요."

"알겠지만 너희에게는 이제 선택권이 전혀 없어." 요정 베릴룬이 말했다. "너무 늦었어. 너희는 모두 가야 해. 하지만 너, 불의 정령은 누구에게든 가까이 가지 마. 너, 개는 말이지, 고양이를 괴롭히지 마. 너, 물의 정령, 온 곳을 다 흘러 다니려고 하지 마. 그리고 너, 설탕의 정령, 녹고 싶지 않으면 그만 울어. 빵의 정령은 파랑새를 집어넣을 새장을 가지고 가게 될 거야. 너희 모두 나의 집에 가게 될 거야. 그곳에서 나는 동물들과 물건들에게 적절하게 옷을 입혀 줄 거야. p.40 가자!"

말을 하면서 요정 베릴룬은 자신의 요술 지팡이로 창문을 가리켰다. 창문은 점점 길어졌고 이제 문처럼 보였다. 그들은 모두 조용히 나갔고, 그 후에 창문은 평상시의 모양을 되찾았다. 그리하여 달 밝은 크리스마스 전날 밤에 그들은 파랑새를 찾으러 갔다.

# 요정의 궁전에서

p.41 요정 베릴룬의 궁전은 아주 높은 산의 꼭대기에 서 있었다. 여름날 밤, 하늘이 맑을 때는 궁전에서 달의 산과 골짜기, 호수, 바다를 볼 수 있었다. p.42 이곳에서 요정 베릴룬은 별들을 연구하고 별들의 비밀을 읽었다. 지구는 따분해져 가고 있었다.

"이 오래된 행성은 더 이상 내 흥미를 자극하지 않아!" 요정 베릴룬은 자신의 친구들인 산의 거인들에게 말하곤 했다. "사람들은 여전히 눈을 감은 채 살고 있어! 가엾은 것들, 나는 그들이 가엾어! 나는 어린이들을 치명적인 위험에서 구하고 싶어."

이것이 요정 베릴룬이 크리스마스 전날 밤에 틸 씨의 오두막집 문을 두드렸던 이유이다.

우리의 여행자들이 막 큰길로 나갔을 때, 요정 베릴룬은 그들이 그렇게 마을을 통과해서 걸어갈 수 없다는 데 생각이 미쳤다. 크리스마스 파티 때문에 모두 아직 깨어 있었다. 요정 베릴룬은 틸틸의 머리를 살짝 누르고 그들이 마법으로 자신의 궁전으로 옮겨지기를 바랐다. 반딧불이 떼가 우리 친구들의 주변으로 와서 그들을 부드럽게 하늘로 데리고 올라갔다. 그들은 그 즉시 요정 베릴룬의 궁전에 있었다.

p.43 "나를 따라오너라." 요정 베릴룬은 말하고 온통 금은으로 만들어진 방들과 홀들을 지나 그들을 데려갔다.

그들은 사방에 거울이 달려 있고 어마어마한 옷장이 있는 어떤 커다란 방에서 걸음을 멈추었다. 빛의 정령은 옷장 안에서 반짝반짝 빛나고 있었다. 요정 베릴룬은 자신의 주머니에서 다이아몬드 열쇠를 꺼내어 옷장을 열었다. 경탄의 외침이 모두로부터 터져 나왔다. 보석, 온갖 종류의 드레스, 진주 왕관, 에메랄드 목걸이, 그리고 루비 팔찌가 있었다. 아이들은 그러한 재물을 본 적이 없었다! 물건들로 말하자면, 그들은 세상을 보는 것이 처음이기 때문에 아주 혼란스러워했다. 모든 것이 낯설어 보였다!

p.44 요정 베릴룬은 그들이 옷을 고르는 것을 도와주었다. 오로지 빨간색만 좋아하는 불의 정령은 밝은 빨간색과 금색으로 된 옷을 골랐다. 불의 정령은 머리에는 아무것도 쓰지 않았는데, 그의 머리는 항상 매우 뜨겁기 때문이었다. 설탕의 정령은 흰색과 연한 파란색 외에는 모든 것을 혐오했다. 설탕의 정령은 파란색과 흰색으로 된 긴 드레스와 삼각 모자를 골랐

는데, 이것들은 그를 완전히 우스꽝스럽게 보이게 만들었다.

언제나 숙녀 행세를 하는 데다가 자신의 검은 옷에 익숙해진 고양이는 검은색이 늘 좋다고 결정했다. 그래서 고양이는 검은색 타이츠와 긴 우단 망토를 입고 긴 깃털이 달린 커다란 모자를 썼다. 그 다음 고양이는 자신의 유명한 조상인 장화 신은 고양이를 기리려고 부드러운 재질의 염소 가죽 장화를 요구했다. 마지막으로 고양이는 먼지로부터 자신의 발을 보호하려고 부드러운 재질의 장갑을 꼈다.

고양이는 흡족한 시선으로 거울을 흘끗 보았다. 그런 다음 고양이는 근심스러워 하며 설탕의 정령과 불의 정령에게 자신과 함께 나가자고 정식으로 요청했다. 그래서 다른 이들이 계속해서 옷을 입고 있는 동안 이들 셋은 모두 밖으로 나갔다. p.45 잠시 그들을 따라가 보자.

몇 개의 화려한 방들을 지나간 다음 우리의 세 등장인물들은 홀에서 걸음을 멈추었다. 고양이는 곧 조용한 목소리로 회의를 시작했다.

"우리 생애의 마지막 순간에 대해 상의하려고 너희를 여기로 데려온 거야." 고양이가 말했다. "우리는 우리의 자유 의지로 우리가 할 수 있는 것을 해야 해……."

하지만 사나운 "멍, 멍, 멍!" 소리 때문에 고양이는 말을 중단했다.

"그만 됐어!" 고양이가 소리쳤다. "저 얼간이 개가 있군! 녀석이 우리 냄새를 맡았어! 잠깐의 평화도 누릴 수가 없다니까. 계단 뒤에 숨자. 내가 너희에게 말해 두어야 하는 것을 저 녀석은 듣지 않는 것이 나아."

p.46 "너무 늦었어." 문 옆에 서 있던 설탕이 말했다.

그리고 말할 것도 없이 틸로는 기뻐하며 펄쩍펄쩍 뛰고 멍멍 짖으면서 다가오고 있었다.

고양이는 틸로를 보았을 때 혐오스럽다는 듯 고개를 돌렸다.

"틸로가 신데렐라의 하인들 중 한 명의 옷을 입었군. 그 옷이 녀석에게는 딱 어울리기는 하는군! 틸로는 늘 하인의 영혼을 가지고 있었지!" 고양이가 말했다.

착한 개는 고양이의 술책을 알지 못했다. 개는 그처럼 아름다운 옷을 입은 것에 대하여 기분이 아주 좋아서 빙글빙글 돌며 춤을 추었다. 짧은 꼬리는 밖으로 삐죽 내놓은 채 개의 우단 외투가 회전목마처럼 빙글빙글 도는 것을 보는 것은 정말로 우스웠다. 모든 순수 혈통의 개들처럼 개는 강아지만큼이나 자신의 꼬리와 귀를 짧게 만들도록 강요받았다.

p.47 가엾은 틸로! 틸로는 자기 꼬리보다 더 긴, 자기 형제 개들의 꼬리를 언제나 부러워했다. 하지만 불리한 조건은 종종 사람의 마음을 더 강하게 만든다. 틸로는 여러 해 동안 너무 침묵을 지키고 있었기 때문에 그의 마음은 더 다정해졌다.

오늘 개의 크고 까만 눈은 기쁨으로 반짝거렸다. 개는 갑자기 사람으로 변했던 터였다! 개는 멋진 옷을 입고 있었다. 개는 아이들과 함께 온 세상으로 모험을 떠나려고 하는 것이었다!

"나는 참 잘생겼어!" 개가 말했다. "이 화려한 옷들을 봐! 진짜 금이야!"

개는 다른 이들이 자신을 비웃는 것을 알지 못했다. 사실 개는 아주 우스꽝스러워 보였다. 그러나 모든 천진난만한 동물들과 마찬가지로 개는 무엇이 우스운지 이해하지 못했다. p.48 개는 타고난 자신의 노란 털이 너무나 자랑스러워서 어떤 조끼도 입지 않았다. 또한 주소가 적혀 있는 개목걸이도 그대로 달고 있었다. 금색 레이스가 달린 커다란 빨간 우단 외투는 개의 무릎까지만 내려왔.

개가 생각하기에 외투 양옆에 달린 커다란 주머니들은 그가 언제나 몇 가지 물건들을 가지고 다닐 수 있게 해 줄 것 같았다. 틸로는 매우 욕심이 많았다. 왼쪽 귀에는 매의 깃털이 달린 작은 둥근 모자를 썼다. 다른 쪽 귀는 아무것도 없이 그대로였다. 이 작은 귀는 틸로에게 여러 가지 온갖 소리를 듣게 해 줄 것이었다.

틸로는 또한 맨 위쪽이 흰색으로 되어 있는 가죽 승마화 한 짝을 신고 있었다. 앞발에는 장갑을 한 짝도 끼지 않았다. 비록 인간의 옷을 입고 있었지만, 틸로는 개처럼 행동하는 것을 아주 빨리 중단하지는 못했다. 틸로는 현재 홀의 계단에 누워 바닥을 긁고 벽의 냄새를 맡고 있었다. 갑자기 틸로가 겅충 뛰고 소리치기 시작했다! 틸로의 입술은 초조하게 떨렸다.

p.49 "저 얼간이에게 지금 무슨 일이 있는 거지?" 틸로를 지켜보고 있던 고양이가 물었다.

하지만 고양이는 재빨리 이해했다. 아주 달콤한 노랫소리가 멀리서 나왔다. 틸로는 음악 소리를 듣고 가만히 있을 수가 없었다. 노랫소리는 더 가까워졌다. 한 여자의 목소리가 높이 솟아 있는 아치형 공간을 채우더니 물의 정령이 나타났다. 물의 정령은 키가 크고 호리호리했고 새하앴다. 물의 정령의 움직임은 아주 부드럽고 우아했다. 아름다운 은색 드레스가 물의 정령의 주위에서 너울거렸고, 머리에는 산호가 꽂혀 있었다.

"우산을 가지고 있지 않은가 보군." 물의 정령을 보았을 때 불의 정령이 무례하게 말했다.

하지만 물의 정령은 영리했다. 또한 자신이 불의 정령보다 더 강하다는 것을 알고 있었다. 물의 정령은 불의 정령의 빨갛게 달아오른 코를 흘끗 보았다.

p.50 "뭐라고요?" 물의 정령이 물었다. "저 커다란 빨간 코가 나에게 말을 걸고 있는 건가요?"

다른 이들은 언제나 얼굴이 새빨갛게 달아올라 있는 불의 정령을 보고 웃기 시작했다. 불의 정령은 화를 내며 천장으로 펄쩍 뛰어올랐다. 한편 고양이는 아주 조심스럽게 물의 정령에게 다가가서 그녀의 드레스에 관해 듣기 좋은 말을 해 주었다. 고양이는 자기가 말한 것이 진심은 아니었지만, 모두와 친해지고 싶어 했다. 고양이는 모든 이들이 자신의 계획에 동의해 주기를 원했다. 고양이는 빵의 정령을 보지 못했기 때문에 걱정스러워했다. 고양이는 모두가 그 자리에 있기 전에는 말을 꺼내고 싶지 않았다.

"빵의 정령은 무엇을 하고 있는 거야?" 고양이가 자꾸만 야옹거렸다.

"빵의 정령은 자기 옷을 고르느라고 오랜 시간을 썼어." 개가 말했다. "마침내 빵의 정령은 터번이랑 칼을 차는 터키식 옷을 골랐지."

개가 말하는 것을 끝냈을 때, 무지개 색깔이 모두 들어가 있는 옷을 입은 우스꽝스러운 형상이 폭이 좁은 홀로 왔다. p.51 그들은 모두 빵의 정령을 딱하게 느꼈다. 빵의 정령의 거대한 뱃살은 홀 입구 전체를 메웠다. 빵의 정령이 아주 현명한 것은 아니었기 때문에 그는 문간에서 자기 뱃살을 계속해서 두드렸다. 게다가 빵의 정령은 인간의 집에서 움직이는 것에 아직 익숙하지 않았다. 마침내 빵의 정령은 인도를 비집고 통과하여 홀로 들어왔다.

그 일이 기품 있지는 않았지만 빵의 정령은 그래도 기뻤다.

"나 여기 있어!" 빵의 정령이 말했다. "나는 해적 푸른 수염의 멋진 옷을 입었어. 이 옷 어떻게 생각해?"

개는 빵의 정령 주위를 돌며 춤을 추기 시작했다. 개는 빵의 정령이 훌륭하다고 생각했다! 온통 은빛 달무늬로 뒤덮인 그 노란색 우단 옷차림은 틸로에게 맛있는 롤빵을 생각나게 했다. p.52 빵의 정령의 머리 위에 있는 거대하고 멋진 터번은 정말로 요정의 둥근 빵 같았다!

"빵의 정령은 참 멋있어 보이는구나!" 개가 외쳤다.

우유의 정령이 수줍게 빵의 정령을 뒤따라 왔다. 우유의 정령의 천진난만한 마음은 모든 화려한 옷보다 자신의 크림색 드레스를 더 좋아하게 했다. 빵의 정령은 틸틸, 빛의 정령, 그리고 미틸의 옷에 관해 이야기하기 시작하고 있었으나 고양이가 그의 말을 중단시켰다.

"잡담은 그만!" 고양이가 말했다. "내 말 들어 봐. 우리는 시간이 없어."

그들은 모두 어리둥절하여 고양이를 쳐다보았다. 그들은 그것이 심각하다는 것을 알았으나, 인간의 언어는 여전히 불가사의했다. 설탕의 정령은 초조했기 때문에 자신의 긴 손가락들을 꼼지락거렸고, 빵의 정령은 자신의 거대한 배를 만졌고, 물의 정령은 깊이 슬퍼하며 바다에 누웠다. 우유의 정령은 오랫동안 자신의 친구였던 빵의 정령을 쳐다보기만 했다.

"베릴룬 요정님은 이 여행이 끝날 때 우리의 생명 역시 다할 것이라고 말씀하셨어." 고양이가 조바심을 느끼게 되었을 때 말했다. p.53 "그러므로 우리는 가능한 한 우리의 모험을 길게 늘려야 해!"

빵의 정령은 자신이 더 이상 인간이 아닐 때 먹히는 것이 두려웠다. 빵의 정령은 재빨리 동의했다. 개는 고양이를 무시했으나, 마음 깊은 곳에서는 화가 났다. 개는 고양이가 무엇을 말하고 싶어 하는지 알았다.

"우리는 분명히 우리의 여행을 길게 늘리고 아이들이 파랑새를 찾는 것을 막아야 해. 그것이 아이들에게 위험을 가져온다고 해도 말이야." 틸레트가 자신의 말을 끝냈다. 착한 개는 고양이를 물어뜯으려고 달려들었다. 설탕의 정령, 빵의 정령, 그리고 불의 정령이 그들 사이로 뛰어들었다.

"질서를 지켜! 질서를!" 빵의 정령이 거만하게 말했다. "내가 이 회의를 이끌고 있어."

p.54 "누가 너를 지도자로 삼았는데?" 불의 정령이 외쳤다.

"왜 네가 말을 하고 있는 거야?" 자신의 젖은 머리카락을 불의 정령에게 던지며 물의 정령이 물었다.

"지금은 심각한 순간이야." 설탕이 화해시키려고 애쓰며 말했다. "좋게 좋게 이야기하자고."

"나는 설탕의 정령과 고양이에게 아주 동의하는 바야." 빵의 정령이 말했다.

"이것 참 터무니없는 일이군!" 멍멍 짖고 이를 드러내며 개가 말했다. "우리는 인간을 따라야 해! 나는 인간 말고는 아무도 인정하지 않아! 인간 만세! 인간이여 영원하라! 인간이 전부이다!"

하지만 고양이의 높은 목소리가 다른 모든 이들보다 높아졌다. 고양이는 인간에게 화가 나 있었다.

"여기 우리 모두는 인간이 아직 알지 못하는 영혼을 가지고 있어." 고양이가 소리쳤다. "그 때문에 우리에게는 지금 약간의 독립심이 있지만, 만약 인간이 파랑새를 발견하면, 인간이 모든 것을 알게 될 거야. 인간은 모든 것을 볼 것이고, 우리는 아무런 힘도 갖지 못할 거야. p.55 우리한테 자유가 있었던 때를 기억해 봐!"

하지만 갑자기 고양이의 얼굴이 변했다. "조심해! 베릴룬 요정님과 빛의 정령이 오는 소리가 들려. 빛의 정령은 인간과 뜻을 같이하고 인간의 곁에 있고 싶어 해. 빛의 정령은 우리의 최악의 적이야. 조심해!"

하지만 틸틸과 미틸은 거짓말하는 방법을 몰랐고 죄책감을 느꼈다. 요정을 보았을 때 그들은 우스꽝스럽고 거북한 표정을 지었다.

"너희들 구석에서 무엇을 하고 있는 거니?" 요정 베릴룬이 말했다. "못된 짓을 하고 있는 것 같구나!"

그들은 요정 베릴룬이 자기들의 못된 계획을 알고 있다고 생각했으므로 그녀 앞에서 고개를 숙였다. 그들에게는 다행스럽게도 요정 베릴룬은 그들이 무슨 생각을 하고 있는지에 대해 신경 쓰지 않았다. p.56 요정 베릴룬은 아이들에게 여행의 첫 번째 부분을 설명해 주고 다른 이들 각자에게는 무엇을 해야 하는지 말해 주고 싶어 했다. 틸틸과 미틸은 약간 놀란 표정으로 요정 베릴룬 앞에 손을 잡고 서 있었다. 좋은 옷을 입은 그들은 약간 낯설어 보였다. 그들은 서로를 쳐다보았다.

미틸은 분홍색의 작은 꽃무리와 금색 구슬이 달린 노란색 비단 드레스를 입고 있었다. 미틸의 머리에는 아름다운 오렌지색 우단 모자가 씌워져 있었다. 틸틸은 빨간색 재킷과 파란색 반바지를 입고 있었으며, 둘 다 우단으로 만들어져 있었다. 물론 틸틸은 머리에 근사한 작은 모자를 쓰고 있었다.

"파랑새는 추억의 나라에 있는 너희 할아버지 할머니 집에 숨어 있을 가능성이 있어. 너희는 먼저 그곳에 가게 될 거야."

"하지만 그분들은 돌아가셨어요." 틸틸이 말했다. "저희가 어떻게 그분들을 뵙게 되죠?"

그때 착한 요정은 그들의 손자 손녀들이 그들에 대해 생각하는 것을 멈추기 전까지는 그분들이 정말로 죽은 것은 아니라고 설명해 주었다.

p.57 "사람들은 이러한 비밀을 모른단다." 요정 베릴룬이 덧붙여 말했

다. "하지만 다이아몬드 덕분에 너희는 그들이 죽지 않았다는 것을 알게 될 거야. 우리가 그들을 기억하고 있다면, 그들은 여전히 행복하게 살고 있을 거야."

"빛의 정령님은 저희와 함께 가시나요?" 틸틸이 문간에 서 있는 빛의 정령에게 몸을 돌리며 말했다.

"아니야." 요정 베릴룬이 말했다. "빛의 정령은 과거를 보지 않는단다. 빛의 정령의 에너지는 미래에 쏟아져야 해!"

두 아이들이 여행을 시작하려는 그때 아이들은 자신들이 매우 배가 고프다는 것을 깨달았다. 요정 베릴룬은 즉시 빵의 정령에게 아이들에게 무언가 먹을 것을 주라고 말했다. 그 크고 뚱뚱한 친구는 자신의 임무의 중요성에 기뻐했고, 자신의 셔츠를 열었다. 빵의 정령은 칼을 꺼내어 자신의 뱃살에서 두 조각을 잘라냈다.

p.58 아이들은 깔깔대며 웃었다. 틸로는 잠시 동안 즐거워져서 빵을 약간 달라고 부탁했다. 몹시 거만한 설탕의 정령 역시 일행에게 감명을 주고 싶었다. 설탕의 정령은 자신의 손가락 두 개를 부러뜨려서 그것들을 깜짝 놀란 아이들에게 주었다.

그들이 모두 문을 향해 이동하고 있을 때, 요정 베릴룬이 그들을 멈춰 세웠다.

"오늘은 안 돼." 요정 베릴룬이 말했다. "아이들 둘이서만 가야 해. 아이들은 고인이 된 그들의 가족들과 함께 저녁을 보내게 될 거야. 잘 가라, 얘들아. 금방 돌아오너라! 그것이 몹시 중요하단다!"

두 아이들은 손을 잡고 커다란 새장을 들고서 홀 밖으로 나갔다. 그들의 친구들은 궁전으로 되돌아오려고 요정 베릴룬 앞에 나란히 섰다. 틸로는 자신의 이름을 부르는 소리에 응답하지 않은 유일한 이였다. 요정 베릴룬이 아이들끼리만 가야 한다고 말하는 것을 들었을 때, 틸로는 가서 그들을 돕기로 작정했다. 다른 이들이 작별 인사를 하는 동안, 틸로는 문 뒤에 몸을 숨겼다. p.59 하지만 요정 베릴룬은 모든 것을 볼 수 있었다!

"틸로!" 요정 베릴룬이 외쳤다. "틸로! 여기로 와!"

그리고 그 가엾은 개는 저항하지 못하고 다리 사이에 꼬리를 넣고서 왔다. 자신의 꼬마 주인과 여주인이 커다란 금색 계단으로 사라지는 것을 보았을 때 개는 구슬프게 울부짖었다.

# 추억의 나라

p.60 요정 베릴룬은 추억의 나라가 멀리 있지 않다고 아이들에게 말했었다. 그러나 그곳에 가려면 아주 울창하고 아주 오래되어서 나무 꼭대기가 보이지 않는 숲을 지나가야 했다. 그 숲에는 언제나 짙은 안개가 끼어 있었다. 아이들은 길을 잃게 될지도 몰랐다!

p.61 "길은 하나뿐이고 그것은 일직선이야." 요정 베릴룬은 경고했다.

땅은 모두 다 똑같은 꽃들로 뒤덮여 있었다. 그것들은 순백색의 팬지였고 아주 예뻤으나, 냄새가 없었다. 그 작은 꽃들은 몹시 외로움을 느꼈던 아이들을 위로해 주었다. 도처에 대단히 신비로운 고요함이 내려와 있었다. 아이들은 전에 한 번도 느껴보지 못한 두려움으로 조금 떨었다.

"할머니께 꽃 한 다발을 가져가자." 미틸이 말했다.

"좋은 생각이야!" 틸틸이 외쳤다. "할머니가 기뻐하실 거야!"

그리고 길을 따라 걸어가면서, 아이들은 아름다운 하얀 꽃들을 모았다. 아이들은 자신들이 꺾은 모든 팬지가 자신들을 할머니 할아버지에게 더 가까이 데려다 준다는 것을 몰랐다. p.62 그들은 곧 자신들 앞에 표지판 하나가 달려 있는 커다란 떡갈나무가 있는 것을 보았다.

"다 왔어!" 틸틸이 의기양양해져서 소리쳤다. 나무뿌리에 올라가 틸틸은 그 표지판을 읽었다.

추억의 나라.

그들은 도착한 것이었다!

"나는 아무것도 안 보여!" 미틸이 소리쳤다. "나는 추워! 힘들어! 더 이상 가고 싶지 않아!"

오로지 자신들의 임무에 대해서만 생각하고 있던 틸틸은 화가 났다.

"이리 와, 물의 정령처럼 계속 징징대지 마!" 틸틸이 말했다. "저기! 봐! 보라니까! 안개가 사라지고 있어!"

눈에 보이지 않는 손이 안개를 커튼처럼 걷어내는 것 같았다. 커다란 나무들은 사라졌고, 대신에 예쁘고 작은 농부의 오두막집이 나타났다. 그 집은 덩굴 식물로 뒤덮여 있었고 꽃들과 과일나무들이 꽉 들어찬 작은 정원 옆에 있었다.

p.63 아이들은 즉시 사랑스러운 암소, 집 지키는 개, 그리고 검은 새를 알아보았다. 모든 것이 엷은 빛을 내며 반짝였고 공기는 눅눅했다.

틸틸과 미틸은 놀라서 서 있었다. 그러니까 그것이 추억의 나라였다! 날씨는 참으로 아름다웠다! 그리고 그곳에 있는 것은 정말로 기분이 좋았다! 아이들은 길을 알았으니까 종종 다시 와야겠다고 즉시 결심했다. 아이들은 모든 안개가 사라졌을 때 훨씬 더 행복해졌다. 그들은 벤치에 앉아 주무시고 계신 할아버지 할머니를 보았다. 그들은 손뼉을 쳤다.

"할아버지다! 할머니다!" 아이들이 외쳤다. "저기 계셔!"

하지만 아이들은 다소 겁이 나서 나무 뒤에서 움직일 수가 없었다. 그들은 사랑하는 노부부를 보며 서 있었고, 할아버지 할머니는 조용히 그리고 천천히 잠에서 깨어나고 있는 중이었다.

p.64 "아직 살아 있는 우리 손자 손녀가 오늘 우리를 보러 올 것 같아요." 아이들은 할머니가 떨리는 목소리로 말하는 것을 들었다.

"내가 기분이 이상한 것을 보니 아이들이 분명히 우리 생각을 하고 있는 거야." 할아버지가 대답했다.

"내 생각에는 아이들이 아주 가까이 있는 것 같아요." 할머니가 말했다. "내 눈에서 기쁨의 눈물이 어른거리는 것이 보여요. 그리고……."

할머니는 자신의 말을 끝낼 시간이 없었다. 아이들이 할머니의 품 안에 있었다! 얼마나 기쁜 일이란 말인가! 얼마나 격렬한 입맞춤과 얼싸안음이었던가! 참으로 굉장한 놀라움이었다! 그들은 하하 웃고 기쁜 눈으로 계속하여 서로를 바라보며 말을 해 보려고 했다. 최초의 흥분 상태가 지나가자 그들 모두는 즉시 이야기를 나누기 시작했다.

"키도 참 크고 튼튼하게 자랐구나, 틸틸!" 할머니가 말했다.

"그리고 미틸! 이 애를 좀 보구려. 머리카락도 참 예쁘고 눈도 어쩌면 이렇게 예쁜지!" 할아버지가 말했다.

p.65 그리고 아이들은 춤을 추고 손뼉을 치고 서로를 껴안았다.

마침내 그들은 조용해졌고, 가족에 관한 일들을 이야기하기 시작했다.

"아빠 엄마는 잘 있니?" 할머니가 물었다.

"아주 잘 지내요, 할머니." 틸틸이 말했다. "엄마와 아빠는 우리가 나올 때 잠자고 있었어요."

할머니는 그들에게 새로 입맞춤을 해 주었다.

"왜 우리를 더 자주 보러 오지 않니?" 할머니가 말했다. "너희가 우리를 잊어버린 것도 지금이면 몇 달째란다."

"그렇게는 못 해요, 할머니." 틸틸이 말했다. "베릴룬 요정님의 도움 덕분에 오늘은 우리가 여기 온 거예요."

"우리는 살아 있는 사람들이 찾아오기를 기다리면서 늘 이곳에 있단다." 할머니가 말했다. "너희가 마지막으로 이곳에 온 것은 할로윈 때였지."

p.66 "할로윈이요?" 틸틸이 말했다. "저희는 그날 밖에 나간 적이 없어요. 저희 둘 다 감기에 걸렸었거든요!"

"하지만 너희는 우리 생각을 했잖니! 그리고 너희가 우리 생각을 할 때마다 우리는 깨어나서 너희를 다시 본단다."

틸틸은 요정 베릴룬이 자신에게 이러한 이야기를 해 주었던 것이 기억났다. 틸틸은 그때는 그것이 가능하다고 생각하지 않았지만, 이제 상황을 이해하기 시작했다. 틸틸은 자신의 조부모가 자신을 완전히 떠나지 않았다고 느꼈다.

"그러니까 할아버지와 할머니는 정말로 돌아가신 것이 아니죠?" 틸틸이 물었다.

노부부는 웃음을 터뜨렸다. 지상에서의 삶을 또 다른 삶, 그러니까 훨씬 더 근사하고 훨씬 더 아름다운 삶으로 바꾸었을 때, 노부부는 '죽은'이라는 단어를 잊었다.

"'죽은'이라는 단어가 무슨 뜻이니?" 할아버지가 물었다.

"그것은 누군가가 더 이상 살아 있지 않다는 뜻이에요!" 틸틸이 말했다.

할아버지와 할머니는 그냥 그들의 어깨를 으쓱할 뿐이었다.

p.67 "살아 있는 사람들이 다른 세상의 사람을 말할 때 보면 살아 있는 사람들은 참 어리석어!" 노부부가 말했다.

그리고 이야기를 나눌 수 있어서 행복해하며 그들은 다시 자신들의 추억에 관해 말했다.

모든 나이 든 사람들은 옛 시절에 대해 논하기를 좋아한다. 미래는 그들의 마음속에서 끝나 있으므로 그 사람들은 현재와 과거를 즐긴다. 하지만 우리는 틸틸처럼 점점 조급해지고 있다. 그들의 말에 귀를 기울이는 대신 우리는 그들의 움직임을 따라갈 것이다.

틸틸은 할머니의 무릎 위에서 뛰어내린 터였다. 틸틸은 자신이 알고 있었고 기억하고 있었던 온갖 종류의 것들을 발견하고 기뻐하며 도처를 둘러보고 있었다.

"아무것도 변하지 않았어요." 틸틸이 외쳤다. "모든 것이 옛날 그 자리에 있네요! 하지만 모든 것이 더 예뻐요! 저기 제가 부러뜨렸던 큰 바늘이 달린 시계가 있네요. 제가 할아버지의 동전을 발견한 날 문에 낸 구멍이 있어요!"

p.68 "그래, 너는 많은 물건들을 망가뜨렸지." 할아버지가 말했다. "그리고 내가 보고 있지 않을 때면 네가 올라가기를 아주 좋아하던 자두나무도 있단다……."

그동안에도 틸틸은 자신의 임무를 잊지 않고 있었다.

"할아버지한테는 파랑새가 없으시죠, 그렇죠?"

동시에 미틸은 머리를 들고 새장을 보았다.

"오! 늙은 검은 새가 있네요! 새가 아직도 노래를 부르나요?"

미틸이 말했을 때, 검은 새가 깨어나서 아주 큰 소리로 노래를 부르기 시작했다.

"너도 알다시피, 살아 있는 사람이 그 새를 생각하자마자……." 할머니가 말했다.

틸틸은 자신이 본 것에 깜짝 놀랐다.

"그런데 새가 파래요!" 틸틸이 소리쳤다. "이런, 저것이 그 새야, 파랑새야! 새가 파래요, 파래, 파란 유리구슬처럼 파래요! 저 새를 저에게 주시겠어요?"

p.69 조부모들은 기꺼이 승낙했다. 승리감에 도취되어 틸틸은 가서 나무 옆에 두었던 새장을 가지고 왔다. 틸틸은 조심스럽게 그 새를 새장 안에 넣었고, 그 새는 새로운 집을 깡충깡충 뛰어 돌아다녔다.

"베릴룬 요정님이 얼마나 기뻐하실까!" 자신이 얻은 것 때문에 기뻐하며 틸틸이 말했다. "그리고 빛의 정령님도!"

"따라오너라." 조부모가 말했다. "와서 암소와 벌들을 보렴."

노부부가 정원 주위를 걸어 다닐 때, 아이들은 갑자기 자신들의 죽은 남동생과 여동생들도 그곳에 있는지 물었다. 그때까지 집 안에서 자고 있던 일곱 명의 아이들이 정원으로 달려왔다. 틸틸과 미틸은 그들에게 달려갔다. 그들은 모두 서로를 껴안고 기뻐하며 소리를 질렀다.

p.70 "그 아이들이 왔구나!" 할머니가 말했다. "네가 그 아이들에 대해 이야기하자마자 그들이 그곳에 있게 된 것이란다."

틸틸은 동생 한 명의 머리카락을 약간 잡았다.

"안녕, 피에로! 그러니까 우리, 옛날처럼 다시 싸우는 거야! 그리고 로베르트! 장, 네 셔츠는 어떻게 된 거니? 마뜨렌과 피에레트와 폴린! 그리고 리케도 있구나!"

"리케는 아직도 네발로 기어 다니는구나!" 미틸이 웃었다.

틸틸은 작은 개가 짖는 것을 알아차렸다.

"키키도 있네. 내가 폴린의 가위로 꼬리를 잘라 주었잖아. 키키도 안 변했네."

"그래, 여기서는 아무것도 변하지 않는단다!" 할아버지가 말했다.

하지만 갑자기 노부부가 깜짝 놀라 동작을 멈추었다. 그들은 집 안에서 시계가 8시를 알리는 작은 소리를 내는 것을 들었던 것이었다.

"어떻게 이런 일이?" 그들이 물었다. "요즘에는 통 치지를 않는데……."

p.71 "우리가 더 이상 시간을 생각하지 않기 때문이지." 할머니가 말했다. "누가 시간을 생각하고 있었니?"

"네, 제가 그랬어요." 틸틸이 말했다. "그러니까 지금 8시인 거죠? 그러면 저는 가야 해요. 9시 전에 돌아가겠다고 빛의 정령님과 약속했거든요."

틸틸은 새장을 가지러 갔지만 다른 사람들은 너무 행복해서 틸틸이 그렇게 빨리 가도록 놔 주지를 않았다. 그렇게 작별 인사를 하는 것은 끔찍할 것이었다! 할머니에게 좋은 생각이 있었다. 할머니는 틸틸이 얼마나 식탐이 많은지 알고 있었다. 그때는 마침 저녁 식사 시간이었고, 다행히도 약간의 양배추 수프와 근사한 자두 타르트가 있었다.

"그래, 나는 파랑새를 얻었어!" 틸틸이 말했다. "그리고 양배추 수프는 날마다 먹는 것이 아니잖아……."

그들은 모두 서둘러서 식탁을 밖으로 날랐다. 근사한 흰색 식탁보 위에 그들은 사람 수대로 접시를 하나씩 놓았다. p.72 등불이 밝혀졌고 조부모와 손자 손녀가 저녁 식사를 하려고 앉았으며, 서로 밀고 장난을 치며 기뻐서 웃고 소리쳤다. 그런 다음 한동안은 나무 숟가락이 접시를 부딪치는 소리가 나는 것을 빼면 조용했다.

"정말 맛있다! 오, 정말 맛있어!" 탐욕스럽게 먹으며 틸틸이 소리쳤다. "더 주세요! 더요!"

"좀 조용히 하렴." 할아버지가 말했다. "너는 아직 말썽꾸러기로구나. 그러다 접시 깰라……."

틸틸은 듣지 않고 의자 위에 일어섰다. 틸틸은 수프 단지를 붙잡고 그것을 자기 쪽으로 잡아 당겼다. 뜨거운 수프가 온 식탁과 모두의 허벅지에 쏟아졌다. 아이들은 아픔에 고함치고 소리를 질렀다. 할머니는 몹시 겁이 났고 할아버지는 무척 화가 났다. 할아버지는 아주 세게 틸틸의 뺨에 손찌검을 했다.

p.73 틸틸은 잠시 충격을 받았다. 그런 다음 자신의 손을 뺨에 갖다 대었다.

"할아버지, 참 좋네요!" 틸틸이 소리쳤다. "할아버지가 살아 계셨을 때, 저를 때려 주곤 하셨던 바로 그때랑 똑같아요. 저를 때려 주신 것에 고마워하며 할아버지께 입맞춤이라도 해 드려야겠어요!"

모두 웃었다.

"네가 내가 때려 주는 것이 마음에 든다면 다시 때려 줄 수도 있어!" 화를 내며 할아버지가 말했다.

하지만 할아버지는 마음이 뜨끔하여 눈에 눈물이 고였다.

"오, 안 돼!" 틸틸이 일어서며 소리쳤다. 8시 30분이야! 미틸, 가야 할 시간이야!"

할머니는 조금만 더 있으라고 사정했다.

"안 돼요, 그럴 수 없어요!" 틸틸이 단호하게 말했다. "빛의 정령님과 약속했어요!"

p.74 그리고 틸틸은 서둘러 가서 귀중한 새장을 집어 들었다.

"안녕히 계세요, 할아버지. 안녕히 계세요, 할머니. 잘 있어, 얘들아, 그리고 키키 너도. 우리는 여기 있을 수가 없어. 울지 마세요, 할머니. 저희가 종종 다시 올게요!"

가엾은 나이 많은 할아버지는 무척 화가 났다.

"오, 살아 있는 것들은 참 지긋지긋해!" 할아버지가 불평했다.

틸틸은 아주 자주 오겠다고 약속했다.

"날마다 다시 오거라!" 할머니가 말했다. "그것이 우리의 유일한 기쁨이란다."

"잘 가!" 형제자매들이 일제히 소리쳤다. "곧 돌아와! 우리에게 갱엿을 갖다 줘."

입맞춤이 더 이어졌다. 모두 손수건을 흔들고 모두 마지막 작별 인사를 외쳤다. 하지만 그 모습들이 점차 사라지기 시작했다. 작은 목소리들은 더 이상 들리지 않았다. p.75 두 아이들은 다시 안개 자욱한 어두운 숲 속에 있었다.

"나 아주 무서워!" 미틸이 소리쳤다. "나에게 손을 줘, 오빠! 나 아주 무서워!"

틸틸 역시 떨고 있었지만, 여동생을 안심시키는 것은 그의 의무였다.

"조용히!" 미틸이 말했다. "우리가 파랑새를 도로 가져가고 있다는 것을 기억해."

틸틸이 말할 때, 빛이 안개 사이에서 나타났다. 미틸은 그 빛 쪽으로 달려갔다. 틸틸은 새장을 자신의 품 안에 꽉 안고 있었다. 틸틸이 가장 먼저 한 일은 그의 새를 바라본 것이었다. 참으로 끔찍했다! 추억의 나라의 아름다운 파랑새는 아주 새까맣게 변해 있었다!

틸틸은 계속해서 새를 쳐다보았지만, 그것은 여전히 까맸다! 그것은 그의 조부모 집에서 노래했던 바로 그 검은 새였다! 무슨 일이 있어났던 것일까? p.76 얼마나 괴로운 일이었던지!

틸틸은 너무나 간절히 여행을 시작해서 어려움과 위험에 관해서는 생각하지 않았었다. 자신, 용기, 그리고 친절한 마음으로 가득했던 틸틸은 아름다운 파랑새를 찾는 것을 확신해 왔던 터였다. 그런데 지금 틸틸은 무력한 느낌이었다!

틸틸이 무엇인가 불가능한 것을 하려고 애쓰고 있는 것이었을까? 요정이 틸틸을 조롱하고 있는 것이었을까? 틸틸은 언젠가 파랑새를 찾게 될까? 틸틸의 모든 용기가 그에게서 떠나가는 것 같았다…….

설상가상으로 틸틸은 자신이 올 때 이용했던 직선로를 찾을 수가 없었다. 땅 위에는 팬지가 한 송이도 없었다. 틸틸은 울기 시작했다.

다행히도 틸틸과 미틸은 오래 곤란한 상태로 있지는 않았다. 요정 베릴룬은 빛의 정령이 그들을 보호해 줄 것이라고 약속했었다. 첫 번째 시험은 끝났고, 안개는 갑자기 사라졌다. 그러나 평화로운 오두막집을 드러내는 대신, 그것은 놀라운 사원을 드러냈다. p.77 그곳으로부터 밝은 빛이 반사되었다.

현관 근처에는 다이아몬드 색깔의 드레스를 입은 아름다운 빛의 정령이 서 있었다. 틸틸이 자신의 첫 번째 실패에 대해 말해 줄 때 빛의 정령은 미소를 지었다. 빛의 정령은 두 아이가 무엇을 찾고 있는지 알았다. 빛의 정령은 모든 것을 알고 있었다.

"슬퍼하지 마라." 빛의 정령이 아이들에게 말했다. "너희 할머니 할아버지를 뵈어서 기쁘지 않니? 하루치 행복으로는 충분하지 않은 것이니? 검은 새를 다시 살아나게 해서 행복하지 않니? 그 새가 노래하는 것을 들어 봐!"

그 늙은 검은 새는 힘차게 노래하고 있었다. 자신의 커다란 새장을 깡충거리며 뛰어다닐 때 새의 조그만 노란 눈은 기쁨으로 반짝였다.

"얘들아, 파랑새를 찾는 동안 너희가 발견하는 잿빛 새들도 사랑하는 법을 배우거라."

p.78 빛의 정령은 아름다운 자신의 머리를 진지하게 끄덕였다. 빛의 정령은 파랑새가 어디에 있는지 알았다. 하지만 삶은 종종 아름다운 수수께끼들로 가득 차 있다. 우리는 그것들을 존중해야 한다. 그렇지 않으면 우리는 그것들을 파괴하게 될 것이다. 만약 빛의 정령이 아이들에게 파랑새가 어디에 있는지 말해 주었다면, 그들은 파랑새를 절대 찾지 못했을 것이다! 이 이야기의 마지막에 여러분에게 그 이유를 들려줄 것이다.

그러면 이제 아름다운 흰 구름 위에서 틸틸과 미틸이 잠을 자게 내버려 두자.

# 밤의 정령의 궁전

p.79 얼마 후 아이들과 그들의 친구들은 파랑새를 찾기 위하여 밤의 정령의 궁전으로 가려고 새벽에 만났다. 그들 중 일부는 참석하지 않았다. 우유의 정령은 흥분 상태를 몹시 싫어했으므로 자기 방에 그냥 있었다. p.80 물의 정령은 변명하는 말을 전했다. 물의 정령은 항상 이끼 침대 위에 누워 여행했다. 물의 정령은 벌써 피곤했고 병이 날까 봐 두려웠다. 빛의 정령으로 말하자면, 세상이 시작된 이래로 밤의 정령과 싸워 왔고, 불의 정령은 빛의 정령의 혐오감을 공유했다. 빛의 정령은 아이들에게 입을 맞추고 틸로에게 길을 알려주었는데, 그가 선두에 설 것이기 때문이었다. 그 무리는 여행을 하기 시작했다.

틸로는 뒷다리로 서서 키가 작은 남자처럼 앞장서 걸었으나, 코는 하늘로 치켜세우고 있었다. 틸로는 모든 것을 냄새 맡았고 비록 그 일이 그를 피곤하게 만들었음에도 불구하고 이리저리 뛰어다녔다. 틸로는 자신이 아주 중요하다고 느꼈다. 틸로는 자신들의 임무에 대해서만 생각했다.

가엾은 틸로! 틸로는 사람이 되어 아주 기뻤으나, 개로 있을 때보다 더 행복해지는 않았다. 그의 본성이 변하지 않고 남아 있었기 때문에 틸로에게 삶은 똑같았다. 틸로는 계속해서 개처럼 느끼고 생각했다. 사실 자신이 지금 가지고 있는 커다란 책임 때문에 틸로의 근심 걱정은 더 컸다.

p.81 "아!" 틸로가 말했다. 틸로는 마지막에 어떻게 죽을지에 대해서는 생각하지 않고 틸틸과 미틸을 도와주었다. "만약 내가 그 작은 파랑새를 잡으면, 설령 그 새한테서 맛있는 냄새가 나도 그 새를 먹지 않을 거야."

빵의 정령이 새장을 들고 슬퍼하며 뒤따라왔다. 두 명의 아이들이 다음에 왔고, 설탕의 정령이 뒤에 있었다.

그런데 고양이는 어디에 있단 말인가? 고양이가 그곳에 없는 이유를 알아내려면, 우리는 그녀의 생각을 읽어야 한다. 요정 베릴룬의 궁전 홀에서 회의를 소집했을 때, 틸레트는 그 모험을 더 길게 늘이려는 엄청난 계획을 짜고 있었다. 하지만 고양이는 다른 이들이 너무 어리석어서 자신을 돕지 못할 것이라고 생각했다.

"그 얼간이들이 베릴룬 요정님 앞에서 죄책감을 느끼는 것처럼 보였기 때문에 전체 계획을 거의 완전히 망쳐 놓을 뻔했어." 고양이가 말했다. p.82 "혼자 일하는 것이 더 나아. 우리 고양이들은 늘 다른 이들이 우리를 배신할 거라고 의심하지. 그것은 사람에 대해서도 똑같아! 도움을 받는 자들은 배신당해. 침묵을 지키는 것이 더 나아."

보다시피 고양이는 개와 마찬가지였다. 고양이의 영혼은 변하지 않은 상태였다. 하지만 물론 고양이는 아주 못된 반면에 우리의 사랑스러운 틸로는 너무나 착했다. 그러므로 틸레트는 다른 이들 없이 일하기로 결심했다. 아침이 오기 전에, 고양이는 그녀의 친구들 중 오랜 친구 하나인 밤의 정령으로부터 도움을 받게 될 것이었다.

밤의 정령의 궁전으로 가는 길은 상당히 길고 상당히 위험했다. 양옆에는 깊은 구멍이 있고, 오르락내리락 한 다음 다시 높은 바위를 올라가야 했다. 마침내 깜깜한 원형의 땅에 갔고, 그곳에서 밤의 정령이 사는 검은 대리석 지하 궁전으로 도달하는 수천 개의 계단을 내려가야 했다.

p.83 전에 그곳에 종종 가본 적이 있는 고양이는 깃털처럼 가볍게 길을 따라 달렸다. 고양이의 망토는 고양이의 등 뒤로 펄럭였고, 그녀의 작은 회색 장화는 땅에 거의 닿지도 않았다. 고양이는 곧 밤의 정령이 있는 곳에 도착했다.

그것은 정말로 장관이었다. 여왕처럼 위엄 있는 밤의 정령이 자신의 옥좌에 앉아 있었다. 밤의 정령이 자고 있을 때에는 어떠한 빛이나 별도 그녀의 주변을 비추지 않았다. 하지만 우리는 밤이 고양이들에게는 아무 비밀도 없으며 고양이의 눈은 어둠 속에서도 볼 수 있다는 것을 안다. 그래서 틸레트는 비록 낮이었지만 밤의 정령을 보았다.

밤의 정령을 깨우기 전에, 틸레트는 그 친근한 얼굴을 다정하게 흘끗 보았다. 그 얼굴은 달처럼 은백색이었다. 그 얼굴은 아름답고도 무서웠다. 밤의 정령의 모습은 그리스식 조각상의 모습처럼 아름다웠다. 밤의 정령은 팔이 길고, 그녀를 위풍당당하게 보이도록 만들어 주는 한 쌍의 날개를 가지고 있었다. p.84 그러나 틸레트는 밤의 정령을 쳐다보는 데 너무 많은 시간을 낭비하지 않았다. 중요한 순간이었고, 시간은 짧았다.

"저예요, 밤의 어머니!" 틸레트가 야옹 하고 울었다. "저는 정말로 지쳤어요!"

밤의 정령은 근심 걱정이 많고 쉽게 놀란다. 밤의 정령의 아름다움은 평화로 만들어진다. 그것은 고요라는 비밀을 소유한다. 하늘을 가로지르는 별똥별, 땅으로 떨어지는 나뭇잎, 혹은 부엉이의 부엉부엉 우는 소리 같은 상황들은 언제나 그러한 고요함을 깨뜨린다. 밤의 정령은 몸을 부르르 떨며 일어나 앉았다. 밤의 정령의 거대한 날개가 움직였다.

"무슨 일이 있었느냐?" 밤의 정령이 떨리는 목소리로 질문했다.

고양이는 틸틸과 미틸, 그리고 파랑새를 찾는 그들의 모험에 관해 밤의 정령에게 모두 고해 바쳤다. 다가오는 위험에 관해 알게 되자마자 밤의 정령은 자신의 미래에 관해서 걱정하기 시작했다.

p.85 "뭐라고!" 밤의 정령이 소리쳤다. "인간이 내 궁전으로 오고 있다고? 마법의 다이아몬드의 도움을 받아 그들은 내 비밀들을 발견할 수 있어! 내가 어떻게 해야 하지? 나에게 무슨 일이 일어날까? 내가 어떻게 내 자신을 지키지?"

조용히 하기로 되어 있었음에도 불구하고, 밤의 정령은 소리를 지르기 시작했다. 아주 많은 소음을 내는 것이 밤의 정령에게 도움이 안 될 것이라는 것은 사실이었다. 다행히도 틸레트는 인간의 삶의 어려움과 근심들을 더 잘 이해했다. 틸레트는 아이들을 앞질러 달리는 동안 자신의 계획에 대해 생각해 놓은 터였다. 틸레트는 자신이 밤의 정령을 도울 것임을 확신시키기를 바랐다.

"저는 오직 한 가지만 알고 있습니다, 밤의 어머니." 틸레트가 말했다. "그들이 아이들이기 때문에 우리는 그들을 크게 겁주어서 홀의 뒷문을 열지 못하게 해야 합니다. 그 문 뒤에는 달의 새들이 살고 있고 때로는 파랑새도 살고 있지요. p.86 다른 동굴들의 비밀들이 분명히 그 아이들을 겁줄 거예요. 그 아이들을 겁을 줄 수 있다면 우리는 무사할 거예요."

그것 말고 그들이 할 수 있는 다른 일은 분명히 없었다. 하지만 밤의 정령은 대답할 시간이 없었는데, 어떤 소리를 들었기 때문이었다. 그런 다음 밤의 정령의 아름다운 얼굴은 화를 내게 되었고, 그녀의 날개는 활짝 펴졌다. 틸레트는 밤의 정령이 자신의 계획에 동의한다는 것을 알아차렸다.

"그들이 왔어요!" 고양이가 소리쳤다.

작은 무리가 밤의 정령의 어두운 계단 층계 아래로 내려오고 있었다. 틸로는 용감하게 선두에서 걸었고 반면에 틸틸은 걱정스러운 눈길로 주변을 바라보았다. 틸틸은 분명히 자신에게 위안을 주는 것을 아무것도 발견하지 못했다. 그것은 모두 아주 훌륭했지만 매우 섬뜩했다. 그것은 무덤처럼 보이는 거대하고 근사한 검은색 대리석 홀이었다.

도처에 가장 짙은 어둠이 내려와 있었다. 두 개의 화염이 거대한 황동 문 앞에 있는 밤의 정령의 옥좌 양옆에 있었다. p.87 청동 문들이 오른쪽과 왼쪽에 있었다.

고양이는 아이들에게 달려갔다.

"이쪽이에요, 주인님, 이쪽이요!" 고양이가 말했다. "제가 밤의 정령님께 말씀드렸고, 밤의 정령님은 주인님을 보게 되어 기뻐하세요."

틸레트의 부드러운 목소리와 미소는 틸틸을 다시 좋은 기분이 들게 만들었다. 틸틸은 씩씩하고 자신감 있게 옥좌로 다가갔다.

"안녕하세요(Good day), 밤의 정령님!" 틸틸이 말했다.

밤의 정령은 자신의 영원한 적수인 빛의 정령을 생각나게 하는 '좋은 낮(Good day)이에요.'라는 말에 기분이 상했다.

"좋은 낮이라고(Good day)?" 밤의 정령이 말했다. "나는 그 말에 익숙하지 않아! '좋은 밤이에요' 아니면 적어도 '좋은 저녁이에요'라고 말해야 마땅하지!"

우리의 주인공은 싸울 준비가 되어 있지 않았다. 틸틸은 가능한 한 상냥하게 재빨리 죄송하다고 말했다. 틸틸은 아주 온화하게 밤의 여왕의 궁전에서 파랑새를 찾을 수 있는지 물었다.

p.88 "나는 파랑새를 본 적이 없다!" 틸틸을 겁주려고 자신의 거대한 날개를 움직이며 밤의 정령이 소리쳤다. "파랑새는 여기 없어!"

하지만 틸틸은 계속해서 질문을 하고 두려움은 전혀 드러내지 않았다. 밤의 정령은 자신의 어둠을 환하게 밝힘으로써 자신의 힘을 완전히 파괴

할 다이아몬드를 두려워하기 시작했다. 밤의 정령은 관대하게 보이고 싶어서 옥좌의 계단에 놓여 있는 커다란 열쇠에 대해 말해 주었다.

조금도 주저하지 않고, 틸틸은 그것을 붙잡고 홀의 첫 번째 문으로 달려갔다.

모두 두려움으로 벌벌 떨었다. 빵의 정령의 이빨은 그의 머리에서 덜덜 떨렸다. 설탕의 정령은 멀리 물러서서 울었다.

"설탕의 정령은 어디 있지?" 미틸이 소리쳤다. "나는 집에 가고 싶어!"

한편 굳게 결심한 틸틸은 문을 열려고 애쓰고 있었고, 그러는 동안 밤의 정령의 심각한 목소리는 첫 번째 위험을 선언했다.

p.89 "유령들이다!"

'오, 이런!' 틸틸이 생각했다. '나는 유령을 본 적이 없는데. 끔찍할 것이 분명해!'

충성스러운 틸로는 거칠게 숨을 쉬고 있었는데, 틸로는 유령들을 몹시 싫어하기 때문이었다.

마침내 열쇠가 자물쇠를 돌렸다. 고요함은 어둠만큼이나 짙고 무거웠다. 숨을 쉬는 사람도 아무도 없었다. 그런 다음 문이 열렸고, 잠시 후 방은 사방팔방으로 달리고 있는 하얀 형상들로 가득 찼다. 어떤 유령들은 하늘로 올라갔고, 다른 유령들은 기둥 주위를 맴돌았다. 또 다른 유령들은 땅을 달려갔다.

유령들은 사람처럼 생긴 것이었지만, 그들의 이목구비를 보는 것은 불가능했다. 그들을 바라보는 순간 그들은 하얀 안개로 변했다. p.90 밤의 정령이 깜짝 놀라는 척했기 때문에 틸틸은 유령들을 뒤쫓으려고 최선을 다했다. 밤의 정령은 수많은 세월 동안 유령들의 친구였고, 그들을 쫓아 버릴 수 있었다. 밤의 정령은 틸틸 일행을 도와주지 않으려고 조심했고 흥분하고 놀란 체했다.

"유령들을 쫓아 버리게 해 주세요!" 틸틸이 소리쳤다. "도와주세요! 도와주세요!"

하지만 사람들이 더 이상 유령을 믿지 않아서 거의 나온 적이 없었던 가엾은 유령들은 너무나 행복했다. 만약 자신들의 다리를 물려고 하는 틸로를 두려워하지 않았다면, 그들은 결코 방 안으로 돌아가지 않았을 것이었다.

"나는 전에는 저런 것들을 본 적이 없어!" 마침내 문이 닫혔을 때 틸로가 말했다. "그들을 물면, 다리가 솜처럼 느껴져!"

이 무렵 틸틸은 두 번째 문을 바라보고 있었다.

p.91 "이 문 뒤에는 무엇이 있나요?" 틸틸이 물었다.

밤의 정령은 몸짓을 했다. 굳은 결심을 한 어린 소년이 정말로 모든 것을 보고 싶어 한다는 말인가?

"문을 열면 조심해야 하나요?" 틸틸이 물었다.

"아니." 밤의 정령이 말했다. "그것은 시간 낭비야. 그것은 질병이야. 질병들은 아주 조용하고 가엾은 작은 것들이지! 문을 열고 직접 보거라!"

틸틸은 문을 활짝 열고 깜짝 놀라서 서 있었다. 그곳에는 아무것도 없었다!

목욕 가운을 걸치고 면으로 된 나이트캡을 쓴 작은 체구의 형상이 홀을 돌아다니기 시작했을 때 틸틸이 다시 막 문을 닫으려고 했다. 그녀는 머리를 흔들다가 기침을 하고 재채기를 하고, 코를 풀려고 매번 멈추었다. p.92 설탕의 정령과 빵의 정령, 틸틸은 더 이상은 깜짝 놀라지 않고 웃기 시작했다. 하지만 그 작은 사람에게 가까이 다가가자마자 그들은 기침하고 재채기하기 시작했다.

"그것은 질병들 중에서 가장 시시한 것이지." 밤의 정령이 말했다. "그것은 코감기야."

'오, 이런!' 설탕의 정령이 생각했다. '내 코에서 계속 이렇게 콧물이 흐른다면 나는 녹고 말 거야!'

가엾은 설탕의 정령! 설탕의 정령은 어디로 몸을 숨겨야 할지 몰랐다. 설탕의 정령은 여행이 시작된 이래로 삶을 사랑하는 것을 배웠는데, 그가 물의 정령과 사랑에 빠졌기 때문이었다! 그러나 이 사랑은 설탕의 정령에게 가장 큰 걱정의 원인이 되었다. 물의 정령은 많은 관심을 원했고 누가 자신에게 관심을 주는지는 신경 쓰지 않았다. 그러나 물의 정령과 너무 많이 노는 것은 위험했다. 물의 정령에게 입을 맞출 때마다, 설탕의 정령은 조금씩 녹아 내렸다.

갑자기 코감기에 의해 공격을 받았을 때 설탕의 정령은 궁전에서 도망치고 싶어 했다. 그러나 틸로는 틸틸과 미틸이 웃고 있는 동안 코감기를 뒤쫓아 동굴로 돌아가게 만들었다. p.93 그들이 생각하기에 지금까지 이러한 시험은 그다지 지독하지는 않았다.

그러므로 틸틸은 더 큰 용기를 내어 옆문으로 달려갔다.

"조심해!" 밤의 정령이 무시무시한 목소리로 말했다. "그것은 전쟁들이야! 전쟁들은 아주 강력하지! 전쟁들 중 하나가 풀려나면 무슨 일이 일어날지 나는 생각하고 싶지 않아! 각오하고 있어, 너희 모두!"

그 즉시 틸틸은 돌진한 것에 대하여 후회를 느꼈다. 틸틸은 자신이 연 문을 닫으려고 애썼다. 그러나 반대편에서 무엇인가가 그 문을 밀고 있었다. 피와 불꽃이 갈라진 틈새로 나왔다. 그들은 비명 소리와 울음소리, 대포와 총이 발사되는 소리를 들었다. 밤의 정령의 궁전에 있는 모두는 당혹하여 이리저리 달리고 있었다. p.94 빵의 정령과 설탕의 정령은 도망치려고 애썼으나 빠져나가는 길을 찾지 못했다. 그래서 그들은 틸틸이 문을 닫는 것을 도와주려고 애썼다.

고양이는 걱정하는 척했으나 남몰래 기뻐했다.

"이것으로 상황 종료일지도 몰라." 수염을 움직이며 고양이가 말했다. "그들은 이번 일이 있고 나서는 너무 두려울 거야."

틸로는 미틸이 구석에서 울면서 서 있는 동안 자기의 꼬마 주인을 도와주려고 애썼다.

"만세!" 틸틸이 승리의 함성을 질렀다. "승리다! 승리! 문이 닫혔어!"

동시에 틸틸은 계단에 털썩 주저앉았다. 틸틸은 아주 지쳤고 두려웠다!

"충분하니?" 밤의 정령이 물었다. "전쟁들을 봤니?"

"네, 네!" 틸틸이 훌쩍거리면서 대답했다. "전쟁들은 추하고 무시무시해요. 그들이 파랑새를 가지고 있는 것 같지는 않아요."

p.95 "그들이 가지고 있지 않다는 것을 확신해도 될 거야." 밤의 정령이 화를 내며 말했다. "만약 그들이 가지고 있다면 파랑새를 먹어 버리겠지."

틸틸은 당당하게 일어섰다.

"저는 모든 것을 봐야 해요." 틸틸이 말했다. "빛의 정령님이 그렇게 말씀하셨어요."

"말하는 것은 쉽지. 빛의 정령은 겁이 나서 집에 있으니까." 밤의 정령이 말했다.

"다음 문으로 갈게요." 틸틸이 말했다. "이 안에는 무엇이 있지요?"

"이곳은 내가 어둠과 공포를 두는 곳이야!"

틸틸은 잠시 곰곰이 생각했다.

'나는 어둠이 두렵지 않아.' 틸틸은 생각했다. '밤의 정령님은 나를 놀리고 있는 거야. 나는 지금 어둠 속에 있고, 다시 햇빛을 보면 아주 행복해질 거야. 공포로 말하자면, 만약 그것들이 유령들 같다면, 우리는 또 다른 멋진 우스갯소리가 생기게 될 거야.'

p.96 틸틸은 문으로 가서 그의 친구들이 이의를 제기할 시간을 갖기 전에 그 문을 열었다. 그들은 지쳐서 모두 바닥에 앉아 있었다. 그들은 자신들이 모두 여전히 살아 있다는 것에 깜짝 놀랐다. 그 사이 틸틸은 문을 뒤로 홱 젖혔는데, 아무것도 나오지 않았다.

"아무것도 없어요!" 틸틸이 말했다.

"아니, 있어! 조심하거라!" 밤의 정령이 말했다.

밤의 정령은 몹시 화가 났다. 밤의 정령은 공포들이 틸틸을 겁주기를 바랐던 것이었다! 하지만 공포들은 수년 동안 무시당해 와서 이제 그들은 인간이 두려웠다. 밤의 정령은 친절한 말로 그들에게 용기를 북돋워 주었다. 잿빛 옷을 입은 키가 큰 몇몇 형상들이 나왔다. 그들은 온 홀을 뛰어 돌아다니기 시작했으나 아이들의 웃음소리를 듣고 나서 두려워졌다. 그들은 아이들을 겁주는 것에 실패했다. 이미 틸틸은 홀 끝에 있는 커다란 문 쪽으로 이동하고 있었다.

"그 문은 열지 마!" 밤의 정령이 깜짝 놀라서 말했다.

p.97 "왜 안 돼요?"

"허락되어 있지 않기 때문이야!"

"그렇다면 파랑새가 숨겨진 곳이 바로 이곳이군요!"

"그 문은 열지 마!"

"하지만 왜 안 되는데요?" 다시 틸틸이 물었다.

밤의 정령은 틸틸의 단호한 생각에 화가 치밀었다.

"그 문을 연 사람 치고 살아남은 사람이 한 명도 없어!" 밤의 정령이 말했다. "그것은 죽음을 불러오지. 세상의 모든 공포와 두려움은 그 문 뒤에 있는 것들과 비교하면 아무것도 아니야."

"하지 마세요, 주인님." 빵의 정령이 말했다. "하지 마세요. 우리를 불쌍히 여기세요. 무릎 꿇고 빌게요."

"주인님은 우리 모두의 목숨을 희생시키고 있어요." 고양이가 야옹 하고 울었다.

p.98 "나는 안 그럴 거야!" 미틸이 외쳤다. "나라면 안 할 거야!"

"불쌍히 여겨 주세요!" 설탕의 정령이 외쳤다. "불쌍히 여겨 주세요!"

그들 모두는 훌쩍훌쩍 울었으며, 그들 모두 틸틸 주위에 바싹 붙어 섰다. 틸로는 비록 자신이 죽게 될 거라고 전적으로 믿었음에도 불구하고 혼자만 한 마디도 하지 않았다. 두 개의 커다란 눈물방울이 틸로의 뺨을 타고 흘러내렸다. 그것은 정말로 가장 감동적인 장면이었고, 잠시 동안 틸틸은 주저했다. 틸틸의 심장은 빠르게 뛰었고, 그의 목구멍은 고통으로 바짝바짝 말랐다. 틸틸은 말을 하려고 애썼으나 그렇게 할 수 없었다. 게다가 틸로는 자기 친구들 앞에서 약한 모습을 보여 주고 싶지 않았다.

'만약 내가 그렇게 못한다면 누가 하겠어?' 틸틸이 생각했다. '만약 내 친구들이 나의 두려움을 본다면, 그들은 내가 나의 임무를 끝내게 두지 않을 거야. 그러면 나는 절대로 파랑새를 찾을 수 없겠지.'

이러한 생각에 틸틸은 단호해졌다. 틸틸은 스스로를 희생시키기로 결심했다. 진정한 영웅처럼, 틸틸은 무거운 황금 열쇠를 꺼냈다.

p.99 "나는 문을 열어야 해!" 틸틸이 외쳤다.

틸틸은 틸로와 나란히 그 커다란 문으로 달려갔다. 가엾은 개는 두려움으로 반쯤 넋이 나갔으나, 틸로의 자부심과 틸틸에 대한 헌신은 소년을 돕게 만들었다.

"저는 있을게요." 틸로가 자기 주인에게 말했다. "저는 두렵지 않아요!"

그러는 동안 모든 다른 이들은 도망친 터였다. 빵의 정령은 조각조각으로 변하고 있었고 설탕의 정령은 미틸을 품 안에 안고 구석에서 녹아내리고 있었다. 밤의 정령과 고양이는 둘 다 몹시 화가 나서 홀의 반대편에 있었다.

그런 다음 틸틸은 틸로에게 마지막 입맞춤을 해 주고 그를 껴안고 열쇠를 자물쇠에 꽂았다. 공포의 고함소리가 도망자들이 숨어 있는 홀의 모든 구석에서 나왔다. 문은 마술에 걸린 듯이 열렸고, 틸틸은 깜짝 놀랐다. 그것은 별처럼 빛나는 꽃들, 하늘에서 콸콸 쏟아져 나오는 폭포, 그리고 달이 은색 옷을 입혀 준 나무들로 가득 차 있는 꿈의 정원이었다. p.100 장미들 사이에는 파란 구름처럼 회전하고 있는 무언가가 있었다. 틸틸은 자기 눈을 믿을 수 없었다. 틸틸은 기다렸다 다시 보고, 그 다음에는 정원으로 달려 들어갔다.

"빨리 와!" 틸틸이 소리쳤다. "빨리 와! 그것들이 여기 있어! 엄청 많은 파랑새들이야. 와 봐, 미틸! 와 봐, 틸로! 와 봐, 모두들! 나를 도와줘! 파랑새들을 잡으면 돼!"

틸틸의 친구들은 달려 들어갔고 새들 사이에서 놀았다. 그들은 누가 가장 많이 잡을 수 있는지 알고 싶어 했다.

"나는 벌써 일곱 마리를 잡았어." 미틸이 소리쳤다. "그 새들을 붙잡고 있지 못하겠어."

"나도 그래." 틸틸이 말했다. "나는 너무 많은 새들을 잡았어. 새들이 내 품에서 도망치고 있어. 밖으로 나가자. 빛의 정령이 우리를 기다리고 있어. 이쪽이야."

그리고 그들은 모두 행복하게 승리의 노래를 부르면서 춤을 추었다. p.101 기분이 좋지 않았던 밤의 정령과 고양이는 걱정스럽게 커다란 문 쪽으로 갔다.

"그들이 파랑새를 발견했니?" 밤의 정령이 물었다.

"아니요." 진짜 파랑새가 달빛 위 높은 곳에 앉아 있는 것을 본 고양이가 말했다. "파랑새는 너무 높이 있어요."

틸틸과 미틸은 재빨리 자신들과 햇빛 사이에 있는 계단을 올라갔다. 그들은 각자 자신이 잡은 새들을 껴안고 있었다. 그들은 햇빛이 그 가엾은 새들에게 치명적이라는 것을 몰랐다. 계단 맨 위에 올라갔을 무렵에 그들은 죽은 새들을 나르고 있었다.

빛의 정령이 걱정스러워하며 그들을 기다리고 있었다.

"자, 파랑새를 잡았니?" 빛의 정령이 물었다.

"네, 그럼요!" 틸틸이 말했다. "많은 새들을 잡았어요! 보세요!"

p.102 말하면서 틸틸은 사랑스러운 새들을 빛의 정령에게 내밀었다. 슬프게도 틸틸은 그 새들이 죽어 있는 것을 보았다. 그 새들의 가엾은 작은 날개들은 부러져 있었고 그들의 머리는 목에 슬프게 매달려 있었다. 참담함을 느끼며 틸틸은 자기 친구들에게 몸을 돌렸다. 그들 역시 죽은 새들을 껴안고 있었다!

그때 틸틸은 울면서 빛의 정령의 품 안으로 뛰어들었다.

"울지 마라, 애야." 빛의 정령이 말했다. "너는 대낮의 햇빛 속에서 살 수 있는 파랑새를 잡지 않았던 거야. 우리는 그 새를 찾게 될 거야."

"물론 우리는 그 새를 찾게 될 거예요." 빵의 정령과 설탕의 정령이 한 목소리로 말했다.

그들은 엄청난 바보들이었지만, 틸틸의 기분이 나아지게 해 주고 싶었다. 틸로로 말하자면, 그는 너무 스트레스를 받고 지쳐서 자신이 지금은 사람이라는 것을 잊었다.

"그 새들은 먹기에 맛있을까요? 궁금해요."

그 무리는 잠을 자려고 빛의 정령의 사원에 돌아갔다. 그것은 슬픈 여행이었다. p.103 모두 집이 주는 평화로움을 그리워했고 위험에 대하여 틸틸을 비난하고 싶어 했다.

"이 모든 흥분 상태가 아주 쓸모없다고 생각하지는 않아, 대장 씨?" 설탕의 정령이 빵의 정령에게 속삭였다.

"두려워하지 마, 사랑하는 친구야." 빵의 정령이 거만하게 대답했다. "내가 이 모든 일을 제대로 만들 거야. 우리가 저 꼬마 소년이 원하는 모든 것을 해야 한다면 삶은 끔찍할 거야. 내일 우리는 그냥 침대에 있을 거야!"

그들은 자신들이 지금 살아 있는 것이 틸틸 때문이라는 것을 잊었다. 사실 그들은 불운을 마주하기 전까지는 행운을 고맙게 생각할 수 없었다.

가엾은 것들! 요정 베릴룬은 그들에게 인간의 삶을 줄 때 지혜도 주었어야 했다. 그들은 단지 인간이 하는 일을 똑같이 하고 있을 뿐이었다. 그들은 말을 할 수 있었으므로 이러쿵저러쿵 남 이야기를 했다. p.104 그들은 판단할 수 있었으므로 잘못 판단했다. 그들은 감정을 느낄 수 있었으므로 불평했다. 그들의 마음은 그들을 더 행복하게 만드는 대신 더 슬프게 만들었다. 그들은 자신들의 두뇌를 쓰지 않았다. 그들은 머릿속이 녹슬어 갔다.

다행히도 빛의 정령은 매우 머리가 좋았고 밤의 정령과 설탕의 정령이 무슨 생각을 하고 있는지 알았다. 빛의 정령은 모든 일을 하는 데 물건들을 사용할 필요가 없다는 것을 깨달았다.

"그들은 아이들에게 먹을 것을 주고 웃게 만드는 데는 유용하지만, 용기가 없기 때문에 아이들이 시험을 치를 때 더 이상 그들과 함께 가서는 안 돼."

한편 그 무리는 계속 걸어갔다. 길은 넓어지고 아름다워졌다. 길이 끝나는 곳에 빛의 정령의 사원이 수정 위에 서 있었다. 지친 아이들은 개에게 자신들을 차례로 데려다 달라고 시켰고, 반짝이는 계단에 도착했을 때 아이들은 거의 잠들어 있었다.

# 미래의 왕국

p.105 틸틸과 미틸은 다음날 아침 아주 행복한 기분으로 깨어났다. 그

들은 자신들의 슬픔을 잊었다. 틸틸은 빛의 정령이 자신에게 말해 준 친절한 말들을 매우 자랑스러워했다. p.106 빛의 정령은 마치 틸틸이 파랑새를 가지고 온 것처럼 아주 기뻐하는 것 같았다.

"나는 매우 만족스럽단다." 빛의 정령이 틸틸의 까만 머리카락을 어루만져 주면서 미소를 짓고 말했다. "너는 참 착하고 용감한 소년이니까 곧 네가 찾고 있는 것을 발견할 거야."

틸틸은 빛의 정령의 말의 깊은 의미를 이해하지 못했다. 그러나 그 말을 듣게 되어 무척 기뻤다. 게다가 빛의 정령이 오늘은 그들의 모험 중에 두려워할 것이 아무것도 없다고 틸틸에게 약속해 주었던 것이었다. 대신에 틸틸은 수없이 많은 어린아이들을 만나게 될 텐데, 그들은 틸틸에게 근사한 장난감들을 보여줄 것이었다. 빛의 정령은 또한 틸틸에게 틸틸과 그의 여동생만 자신과 함께 여행할 것이며 다른 이들은 모두 휴식을 취할 것이라고 말했다.

그것이 그들이 모두 사원의 지하에서 만난 이유였다. 빛의 정령은 물건들이 탈출하거나 말썽을 일으킬 수 없도록 그들을 가두어 두었다. 빛의 정령의 사원의 지하 부분은 인간의 집들의 마루보다 훨씬 더 밝고 아름다웠다. p.107 오로지 빛의 정령만이 들어가고 나갈 힘이 있었다.

대체로 이 커다란 홀은 아주 텅텅 비어 있었으나, 이제 그 안에는 소파가 있었고 과일과 케이크와 크림과 맛있는 포도주가 놓여 있는 황금색 식탁이 있었다. 빛의 정령에게는 하인들이 있었는데, 그들은 아주 이상했다! 그들은 언제나 그들의 긴 흰색 공단 드레스를 입고 맨 위에 불꽃이 달린 작은 검은 모자를 써서 아이들을 웃게 만들었다. 그들은 불이 켜진 양초처럼 보였다. 그들의 여주인은 하인들을 보내 버리고 동물들과 물건들에게는 아주 착하게 있으라고 말했다. 빛의 정령은 그들에게 책과 가지고 놀 오락거리들을 원하는지 물었으나, 먹고 자는 것보다 자신들을 더 즐겁게 해 주는 것은 아무것도 없다고 대답했다.

p.108 물론 틸로는 동의하지 않았다. 틸로의 마음은 그의 탐욕이나 그의 게으름보다 더 건전했다. 틸로의 커다란 까만 눈은 틸틸에게 애원했고 틸틸은 정말로 틸로를 데려가고 싶었다. 그러나 빛의 정령은 그것을 금지했던 터였다.

"어쩔 수가 없어." 틸틸이 틸로에게 입을 맞추며 말했다. "개들은 우리가 가려는 곳에서 허락되어 있지 않은 것 같아."

별안간 틸로가 기뻐서 펄쩍 뛰었다. 틸로에게 아주 좋은 생각이 났다! 틸로는 여전히 개로서의 자신의 삶을 기억하고 있었다. 틸로는 자신이 그 끔찍한 쇠사슬을 매고 있어야 했다는 것을 기억했다. 틸로는 그 쇠사슬에 매여 아주 길고 슬픈 시간을 보냈다. 틸로는 틸틸의 아버지가 그를 그 쇠사슬에 묶어 마을로 데리고 가는 것을 견뎌야 했다. 쇠사슬을 매면 틸로는 모두에게 인사도 할 수 없었고 마을에서 자신이 맡고 싶어 하는 모든 냄새도 맡을 수 없었다.

"음, 비록 나는 그 답답한 쇠사슬을 몹시 싫어하지만, 나의 주인님과 함께 갈 수 있다면 쇠사슬을 다시 매겠어!" 틸로가 혼잣말을 중얼거렸다.

p.109 틸로는 자신의 개 목걸이를 가지고 죽 매고 있었지만, 쇠사슬은 가지고 있지 않았다. 틸로가 무엇을 할 수 있었겠는가? 틸로는 또 슬퍼졌지만, 그때 물의 정령이 소파에 누워서 자신의 긴 산호 목걸이를 가지고 놀고 있는 것을 보았다. 틸로는 가능한 한 귀엽게 달려가서 물의 정령에게 그녀의 가장 큰 목걸이를 빌려달라고 부탁했다.

물의 정령은 기분이 좋은 상태여서 틸로가 부탁한 것을 들어주었을 뿐만 아니라 그 산호 목걸이를 틸로의 개 목걸이에 묶어 주기까지 했다. 틸로는 행복하게 자기 주인에게 다가갔고, 이 목걸이 쇠사슬을 틸틸에게 건네고 그의 발치에 무릎을 꿇었다.

"이렇게 해서 저를 데려가세요, 주인님!" 틸로가 말했다. "개가 쇠사슬에 묶여 있을 때 사람들은 그 가엾은 개에게 절대로 말을 걸지 않아요!"

"이렇게 하더라도 너는 갈 수 없어!" 이러한 자기희생적인 행동에 많이 감명을 받은 빛의 정령이 말했다. p.110 틸로를 기쁘게 해 주기 위해서, 빛의 정령은 나중에 틸로가 아이들을 도와주어야 할 것이라고 그에게 말해 주었다.

이 말을 하면서 빛의 정령은 열려 있던 에메랄드 벽을 건드렸다. 빛의 정령은 아이들과 함께 그 벽을 통과했다.

빛의 정령의 이륜 전차는 사원으로 통하는 입구 밖에서 기다리고 있었다. 그것은 비취색과 황금색으로 되어 있었다 그들은 모두 앉았고, 그것을 끄는 두 마리의 거대한 흰 새가 구름을 뚫고 날아갔다. 전차는 매우 빨리 달렸고, 그들은 길에 그리 오래 있지 않았다. 아이들은 그 탈것을 타는 것을 정말로 재미있어 했으나, 다른, 그리고 그보다 훨씬 더 아름다운 놀라운 것들이 나중에 다가올 예정이었다.

그들 주변에서 구름이 사라졌다. 갑자기 그들은 아름다운 짙은 파란 궁전 안에 있었다. 빛, 돌, 기둥, 문 등 이곳은 모든 것이 파랬다. 모든 것, 가장 작은 물체들조차도 요정과 같은 짙은 파란색이었다. 궁전이 어디에서 끝나는지는 보이지 않았다. p.111 보다 파랗게만 보일 뿐이었다.

"전부 다 참 예쁘네요!" 깜짝 놀란 틸틸이 말했다. "우리가 어디에 있는 거예요?"

"우리는 미래의 왕국에 있단다." 빛의 정령이 말했다. "우리는 아직 태어나지 않은 아이들과 함께 있단다. 다이아몬드가 사람들로부터 숨겨진 장소에서 우리가 선명하게 볼 수 있게 해 주기 때문에 우리는 이곳에서 파랑새를 찾을 수 있을지도 몰라. 아이들이 뛰어다니는 것을 보렴!"

사방에서 머리에서 발끝까지 파란 옷을 입은 아이들이 나왔다. 아이들은 아름다운 까만 머리나 금발이었고, 모두 예뻤다.

"와서 저 살아 있는 아이들을 봐!" 그들은 모두 행복해하며 소리쳤다.

"왜 저 아이들이 우리를 살아 있는 아이들이라고 부르는 거예요?" 틸틸이 빛의 정령에게 물었다.

"저 아이들이 아직 살아 있지 않기 때문이란다." 빛의 정령이 대답했다. p.112 "그들은 그들의 탄생의 시간을 기다리고 있어. 아버지들과 어머니들이 아이들을 원할 때, 저쪽에 있는 큰 문들이 열리고 아이들이 내려간단다."

"참 많이도 있네요!" 틸틸이 소리쳤다.

"더 많이 있단다." 빛의 정령이 말했다. "아무도 저 아이들의 숫자를 셀 수 없어. 하지만 조금 더 가 보렴. 너는 다른 것들을 보게 될 거야."

틸틸은 길을 헤치고 나아갔지만, 파란 아이들의 무리 때문에 이동하기가 어려웠다. 마침내 틸틸은 많은 머리들 너머를 바라보다가 홀의 이곳저곳에서 무슨 일이 벌어지고 있는지 볼 수 있었다. 그것은 굉장했다! 틸틸은 그와 같은 일은 어떤 것도 꿈꾸어 본 적이 없었다! 틸틸은 기뻐서 춤을 추었다. 미틸은 작은 손으로 손뼉을 치고 놀라서 크게 소리를 질렀다.

주변에는 온통 파란 옷을 입은 수많은 아이들이 있었는데, 어떤 아이들은 놀고 있었고, 다른 아이들은 돌아다니고 있었고, 다른 아이들은 말을 하거나 생각하고 있었다. 많은 아이들이 잠들어 있었다. p.113 많은 아이들이 또한 일을 하고 있었다. 그들의 기구들, 그들의 도구들, 그들이 만들고 있는 기계들, 그들이 키우거나 채집하는 나무들과 꽃들과 열매들 모두 파랬다. 아이들 사이에서 역시 파란 옷을 입은 키 큰 남녀 어른들이 움직였다. 그들은 매우 아름다웠고 천사와 똑같이 생겼다. 그들은 빛의 정령에게 다가가 미소를 짓고 파란 아이들을 살살 한옆으로 밀었다. 그 아이들은 깜짝 놀란 눈으로 여전히 틸틸과 미틸을 지켜보고 있었다.

그러나 그 아이들 중 한 명이 남아서 틸틸 가까이에 서 있었다. 그 아이는 아주 작았다. 그 아이의 긴 하늘색 옷 아래로는 두 개의 분홍색 발이 있었다. 그 아이의 눈은 살아 있는 소년을 호기심을 느끼며 바라보았다. 그 아이는 비록 두려워하는 듯이 보였지만 틸틸에게 다가갔다.

p.114 "이 아이에게 말을 걸어도 되나요?" 반쯤은 기쁘고 반쯤은 놀란 틸틸이 물었다.

"물론이지." 빛의 정령이 말했다. "너는 친구들을 사귀어야 해. 나는 너를 혼자 두고 떠날 거야. 너는 혼자 있을 때 마음이 더 편할 거야."

빛의 정령은 가 버렸고 수줍게 미소 지으며 대면하고 있는 두 아이들을 남겨두었다. 갑자기 그들은 말을 하기 시작했다.

"안녕?" 틸틸이 그 아이에게 손을 내밀며 말했다.

하지만 그 아이는 그것이 무슨 뜻인지 이해하지 못했고 움직이지도 않고 서 있었다.

"이게 뭐니?" 틸틸이 아이의 파란 옷을 건드리며 말을 이었다.

아이는 대답하지 않았으나, 손가락으로 틸틸의 모자를 건드렸다.

"이게 뭐니?" 그 아이가 물었다.

"그것은 내 모자야." 틸틸이 말했다. "너는 모자가 없니?"

"없어. 그것은 무엇에 쓰는 거야?" 아이가 물었다.

"사람들에게 인사를 할 수 있지." 틸틸이 대답했다. p.115 "그리고 날씨가 추울 때도 쓸 수 있어."

"추운 게 뭐야?" 아이가 물었다.

"네가 이렇게 부르르 몸을 떨 때가 추운 거야." 틸틸이 말했다.

"세상은 춥니?" 아이가 물었다.

"그래 때로는. 겨울에 불이 없을 때 말이야."

"왜 불이 없는데?"

"불이 비싸기 때문이야. 나무를 사려면 돈이 든단다."

그 아이는 틸틸이 하고 있는 말을 이해하지 못한 듯 다시 틸틸을 쳐다보았다.

'아이가 일상생활의 대부분의 일들을 전혀 모르는 것이 아주 확실하군.' 틸틸은 생각했다. 아이는 모든 것을 아는 '살아 있는 어린 소년'을 대단히 존경스러워하며 쳐다보았다.

그런 다음 아이는 틸틸에게 돈이 무엇인지 물었다.

"그것은 지불 수단이야!" 더 이상 대답하고 싶지 않았던 틸틸이 말했다.

p.116 "오!" 아이가 진지하게 말했다.

물론 아이는 이해하지 못했다. 자신이 바라는 모든 것을 가지고 있는 천국에 사는 소년이 어떻게 이해할 수 있었겠는가?

"너는 몇 살이니?" 틸틸이 대화를 계속 이어가며 물었다.

"나는 곧 태어날 거야." 아이가 말했다. "나는 12년 후에 태어나게 될 거야. 태어난다는 것은 근사하지?"

"오, 그럼." 틸틸이 생각도 하지 않고 소리쳤다. "아주 재미있어!"

"너는 어떻게 태어났니?"

하지만 틸틸은 어떻게 태어났는지 몰랐다. 자존심 때문에 틸틸은 다른 아이 앞에서 무언가 모르는 것이 있는 것처럼 보이고 싶지 않았다. 틸틸은 대답하는 것을 주저하고 자신의 손을 주머니에 넣었다.

"기억이 안 나." 마침내 틸틸이 어깨를 으쓱하며 대답했다. "아주 오래전이라서."

p.117 "아름답다고 하던데, 세상과 살아 있는 사람들 말이!" 아이가 말했다.

"그래, 태어나는 것은 나쁘지 않아." 틸틸이 말했다. "새들과 케이크와 장난감들이 있어. 어떤 사람들은 그것들을 모두 가지고 있지만, 아무것도 갖지 못한 사람들은 다른 사람들을 볼 수 있지."

이 말은 틸틸의 성격을 보여준다. 틸틸은 자존심이 강했지만, 전혀 질투심을 느끼지 않고 마음이 너그러웠다. 비록 가난하기는 했지만, 틸틸은 삶을 즐길 수 있었다.

두 아이들은 더 이야기를 나누었다. 잠시 후, 멀리서 그들을 지켜보고 있던 빛의 정령이 다소 걱정스러워하며 그들에게 달려왔다. 틸틸은 울고 있었다! 커다란 눈물이 뺨을 타고 내려와 그의 외투로 흘러내렸다. 빛의 정령은 틸틸이 그의 할머니에 관해 이야기하고 있으며 할머니가 보고 싶어서 우는 것을 그치지 못한다는 것을 이해했다. 틸틸은 자신의 감정을 숨기고 싶어 했으나, 아이는 계속해서 틸틸에게 질문을 했다.

p.118 "할머니들은 죽어?" 아이가 물었다. "그게 무슨 뜻이야? 죽는다

는 것 말이야."

"그들은 어느 날 저녁 떠나서 돌아오지 않으셔."

"네 할머니가 사라진다고?"

"그래." 틸틸이 말했다. "우리 할머니는 나에게 아주 친절하셨어."

그리고 이 말을 하고서 틸틸은 다시 울기 시작했다.

파란 아이는 누가 우는 것을 본 적이 없었다. 아이는 슬픔이 존재하지 않는 세상에서 살았다. 아이의 놀라움은 아주 컸다.

"네 눈에 무슨 문제가 있는 거야?" 아이가 감탄했다. "눈이 진주를 만들고 있는 거야?" 아이는 눈물이 굉장한 물건이라고 생각했다.

"아니야, 그것은 진주가 아니야." 틸틸이 수줍게 말했다.

"그러면 그게 뭐야?"

하지만 틸틸은 우는 것은 약해 보인다고 생각했다. 틸틸은 도처에 있는 밝은 파란색 때문에 자신의 눈이 아픈 것이 틀림없다고 결정했다.

p.119 "떨어지는 그것이 뭐야?" 어리둥절한 아이가 다시 물었다.

"아무것도 아니야." 틸틸이 조바심을 내며 말했다. "그것은 약간의 물이야."

하지만 아이는 진짜 대답을 원했다.

"그것이 눈에서 나오는 거야?" 아이가 물었다.

"그래, 때때로, 누군가 울 때 나와." 틸틸이 대답했다.

"그게 무슨 뜻이야? 운다는 것 말이야." 아이가 물었다.

"나는 울고 있지 않았어." 틸틸이 당당하게 말했다. "그것은 파란 빛 때문이야. 하지만 내가 운다면, 약간의 물이 눈에서 나오는 것과 같은 일이 일어날 거야."

"너는 자주 우니?"

"남자아이들은 안 그렇지만, 여자아이들은 자주 울어. 너는 여기서 안 우니?"

"아니, 나는 어떻게 우는지 몰라."

"그럼 배우게 될 거야."

p.120 그 순간 거센 바람이 틸틸의 고개를 돌리게 했고, 틸틸은 커다란 기계를 보았다. 틸틸은 처음에는 그것을 알아채지 못했었다. 그것은 거대하고 굉장한 물건이었다. 미래의 왕국의 발명품들은 아직 이름이 붙여져 있지 않기 때문에 여러분에게 그것의 이름을 말해 줄 수는 없다. 그것을 보

앉을 때, 틸틸은 거대한 파란 날개가 풍차 같다고 생각했다. 만약 틸틸이 정말로 파랑새를 발견한다 해도, 파랑새의 날개가 더 아름답고 우아하지는 않을 것이었다. 틸틸은 그것이 무엇이냐고 아이에게 물었다.

"내가 세상에 나가면, 나는 행복을 주는 그 물건을 발명하게 돼." 틸틸이 쳐다보는 것을 보고 그 아이가 덧붙여 말했다. "그것을 보고 싶니? 그것은 저기에 있어."

틸틸은 쳐다보려고 몸을 돌렸으나, 모든 아이들이 즉시 틸틸에게 달려왔다.

"안 돼, 안 돼, 와서 내 물건을 봐!" 그들이 소리쳤다.

"나의 물건은 훌륭한 발명품이야!"

p.121 "내 발명품은 설탕으로 만들어져!"

"그의 발명품은 좋지 않아!"

"나는 아무도 알지 못하는 빛을 가지고 오고 있어."

마지막 아이는 자기 자신을 환하게 불 밝혔다.

살아 있는 아이들은 파란색 작업장으로 안내받았고, 그곳에서 어린 발명가들 각자는 자신의 기계를 가동시켰다. 작업장 안에는 빙빙 돌고 있는 많은 바퀴들과 도르래, 끈들이 있었는데, 그것들은 모든 종류의 기계가 땅 위를 스치듯 굴러가거나 천장까지 날아오르게 했다. 다른 파란 아이들은 지도와 계획들을 보여주고 아주 큰 책을 펴거나 조각상들을 보여주었다. 몇몇 파란 아이들은 거대한 꽃들과 사파이어와 터키옥으로 만들어진 듯한 거대한 열매들을 가지고 왔다.

틸틸과 미틸은 입을 쩍 벌리고 손을 한데 모은 채 서 있었다. p.122 그들은 자신들이 천국에 있다고 생각했다. 미틸은 거대한 꽃을 쳐다보려고 허리를 굽혔다.

"내가 세상에 나가면 꽃들이 모두 저렇게 자랄 거야!" 머리카락이 까맣고 생각이 많은 눈을 한 어느 예쁜 아이가 줄기를 잡고 자랑스럽게 말했다.

"그것이 언제일까?" 틸틸이 말했다.

53년하고, 4개월하고, 그리고 9일 후에."

다음에 두 명의 파란 아이들이 각각의 포도 알이 배보다 큰 포도 한 송이가 달린 무거운 장대를 잡고 왔다.

"내가 서른 살이 되면 모든 포도들이 이와 같을 거야." 그들 중 한 명이 말했다. "내가 방법을 찾았거든."

틸틸은 그것들을 맛보고 싶어 했으나, 또 다른 아이가 바구니 아래에 거의 몸을 숨긴 채 다가왔다. 두 명의 키 큰 사람들이 그 아이가 그 바구니를 나르는 것을 도와주었다. 그 아이는 장밋빛 얼굴에 미소를 짓고 있었다.

p.123 "그것들은 내 사과야!" 그 아이가 말했다. "내가 살아 있을 때 그것들은 모두 멜론만한 크기가 될 거야!"

갑자기 커다란 폭소 소리가 홀 사방에 울렸다. 한 아이가 아홉 개 행성의 왕에 대해 말했던 것이었다. 틸틸은 사방을 둘러보았다. 웃음으로 밝아진 모든 얼굴들은 같은 것을 보고 있었다. 틸틸은 그것을 볼 수 없었다. 그들은 왕에 대해 말했었다! 틸틸은 키가 크고 황금을 가진 고귀한 사람이 있는 옥좌를 찾고 있었다.

"그런데 왕이 어디에 계셔?" 틸틸과 미틸이 크게 흥미로워하며 말을 되풀이했다.

그때 갑자기 그들에게 크고 진지한 목소리가 들렸다.

"나 여기에 있어!" 그 목소리가 당당히 말했다.

그리고 그와 동시에 틸틸은 토실토실 살찐 아기를 한 명 발견했는데, 그 아이는 가장 작은 아기였다. p.124 그 아기는 앉아서 무언가에 대해 아주 깊이 생각하고 있었다. 어린 왕은 '살아 있는 아이들'에 관해서 신경 쓰지 않는 유일한 아이였다. 아기의 아름답고 맑은 눈은 끝없는 꿈들에 관해 생각하고 있었다. 아기의 오른손은 자신의 무거운 머리를 받치고 있었다. 금관이 아기의 금발 머리에 얹혀 있었다.

"나 여기에 있어!" 아기가 소리치고 자신이 앉아 있던 계단에서 일어났다. 아기는 계단 하나를 오르려고 애썼지만, 아직 걸음걸이가 서툴러서 코를 박고 넘어지고 말았다. 아기가 아주 당당하게 일어났으므로 아무도 그를 놀리지 않았다. 발을 넓게 벌리고, 아기는 일어서서 틸틸을 머리에서 발끝까지 훑어보았다.

"너는 몸집이 아주 크지는 않구나!" 틸틸이 웃지 않으려고 최대한 애쓰며 말했다.

"내가 존재할 때는 위대한 일들을 하게 될 거야!" 왕이 힘차게 대답했다.

"그러니까 무엇을 할 것인데?" 틸틸이 물었다.

p.125 "나는 태양계 행성 총 연합을 만들 거야." 왕이 아주 거만한 목소리로 말했다.

틸틸은 아주 감명을 받아서 한 마디도 할 수 없었다.

"너무나 터무니없이 멀리 있는 천왕성, 토성, 해왕성을 제외하면 모든 행성들이 그 연합 안에 있을 거야." 왕이 말을 이었다.

그런 다음 왕은 다시 계단을 떠났고, 생각하는 일을 다시 시작하며 자신은 말을 다 끝냈다는 것을 보여 주었다.

틸틸은 왕이 생각을 계속 하도록 내버려 두었다. 틸틸은 가능한 한 아이들에 관해 더 많은 것을 알고 싶어 했다. 틸틸은 새로운 태양의 발견자와 새로운 기쁨의 발명가에게 소개되었다. 또한 세상의 불공평을 중단시킬 영웅과 죽음을 정복할 과학자도 만났다. p.126 아이들이 너무 많아서 그들 전부에게 이름을 지어 주려면 몇날 며칠이 걸릴 것이었다. 틸틸은 상당히 피곤했고 따분해지기 시작하고 있었다.

"틸틸!" 갑자기 한 아이의 목소리가 틸틸에게 큰 소리로 말을 걸었다. "안녕, 틸틸? 잘 지내니?"

파란 어린아이 한 명이 군중을 헤치며 길을 내어 홀 뒤에서 달려왔다. 그 아이는 잘생겼고 날씬했으며 눈은 반짝거렸다. 그 아이는 미틸처럼 생겼다.

"어떻게 내 이름을 아니?" 틸틸이 물었다.

"놀랄 일은 아니야." 파란 아이가 말했다. "나는 네 동생이 될 거야!"

이번에는, 틸틸과 미틸이 완전히 깜짝 놀랐다. 얼마나 굉장한 만남인가! 그들은 돌아가자마자 틀림없이 엄마에게 말씀드려야 한다!

p.127 "나는 내년 종려 주일에 너희에게 갈 거야." 아이가 말했다.

그리고 아이는 자신의 형에게 수많은 질문을 했다. 집에서는 편하게 지냈어? 음식은 맛있었어? 아빠는 아주 진중하셨어? 그리고 엄마는 어땠어?

"오, 엄마는 아주 친절하셔!" 틸틸과 미틸이 말했다.

그리고 그들 역시 아이에게 질문을 했다. 세상에 나오면 무엇을 할 거니? 무엇을 가지고 올 거니?

"나는 세 가지 질병을 가지고 갈 거야." 어린 동생이 말했다. "성홍열, 백일해, 그리고 홍역……."

"오, 그게 다인 거지, 그런 거지?" 틸틸이 소리쳤다.

어린아이는 슬프게 고개를 저었다.

"그 후 나는 너희를 떠나게 될 거야!" 아이가 계속해서 말을 했다.

"그럼 왜 오려는 거니?" 틸틸이 상당히 화를 내며 말했다.

p.128 "우리는 선택할 수 없어!" 어린 동생이 말했다.

그들은 세상에서 만나기도 전에 싸우기 시작할 줄은 몰랐을 터였다. 그러나 갑자기 파란 아이들이 누군가를 만나러 달려갔다. 동시에 수많은 보이지 않는 문이 열리는 것처럼 커다란 소음이 났다.

"무슨 일이니?" 틸틸이 물었다.

"시간의 정령이야." 파란 아이들 중 한 명이 말했다. "시간의 정령이 문을 열 거야."

흥분 상태는 더욱 커졌다. 아이들은 자신들의 기계와 자신들의 일을 떠났다. 잠들어 있던 아이들은 깨어났다. 모두의 눈이 간절히 그리고 애타게 뒤에 있는 커다란 오팔 문들을 보고 있었고, 그 동안 모두의 입은 '시간의 정령'이라는 단어를 되풀이했다. 커다란 불가사의한 소음이 계속해서 났다. 틸틸은 그것이 무슨 의미인지 알고 싶어 죽을 지경이었다. 마침내 틸틸은 한 어린아이의 팔을 붙들고 그에게 물었다.

p.129 "날 내버려 둬." 아이가 몹시 신경질적으로 말했다. "오늘이 내 순서일지도 몰라. 새벽의 정령이 일어나고 있어. 지금은 오늘 태어날 아이들이 세상으로 내려갈 시간이야."

"시간의 정령이 누구야?" 틸틸이 물었다.

"갈 아이들을 부르러 오는 할아버지야." 다른 아이가 말했다. "그리 나쁜 분은 아니지만 남의 말에 귀 기울여 주시거나 들으려고 하시지를 않아. 만약 네 차례가 아니면, 할아버지는 너를 보내 주지 않으실 거야. 나를 내버려 둬! 지금이 내 차례일지도 몰라!"

빛의 정령이 이제 틸틸과 미틸을 향해 달려왔다.

"나는 너희를 찾고 있었어." 빛의 정령이 말했다. "빨리 오렴. 시간의 정령이 너희를 발견하면 안 돼."

이 말을 하면서 빛의 정령은 자신의 황금 망토를 아이들에게 둘러씌우고 그들을 홀의 구석으로 데리고 갔다.

틸틸은 아주 잘 보호를 받게 되어 무척 기뻤다. p.130 시간의 정령은 아주 굉장한 힘을 소유하고 있어서 인간의 힘으로는 누구라도 그에게 저항할 수 없었다. 시간의 정령은 신이자 괴물이었다. 시간의 정령은 생명을 주고 그 생명을 먹었다. 시간의 정령은 세상 속을 너무 빨리 지나가서 사람들은 그를 볼 시간이 없었다. 시간의 정령은 자신이 건드리는 것은 무엇이든 가져갔다.

틸틸의 가족 중에서, 시간의 정령은 이미 할아버지와 할머니, 남동생들,

여동생들, 그리고 늙은 검은 새를 데려갔다! 시간의 정령은 기쁨과 슬픔, 겨울과 여름을 포함한 모든 것을 가져갔다. 이것을 알기 때문에 틸틸은 미래의 왕국에 있는 모두가 시간의 정령을 만나기 위해 그렇게 빨리 달려가는 것을 보고 놀랐다.

'시간의 정령이 여기에서는 아무도 먹지 않는가 보군.' 틸틸은 생각했다.

시간의 정령이 도착했다! 커다란 문이 천천히 열렸다. 멀리서 음악 소리가 났다. 그것은 세상의 소리였다. 빨갛고 파란 빛이 홀 안으로 들어왔다. 시간의 정령이 문간에서 나타났다. p.131 시간의 정령은 키가 크고 몹시 마른 할아버지였고, 너무 늙어서 그의 얼굴은 먼지처럼 온통 회색이었다. 시간의 정령의 하얀 턱수염은 그의 무릎까지 내려왔다. 시간의 정령은 한 손에 거대한 낫을 들고 있었고 다른 손에는 모래시계를 들고 다녔다. 시간의 정령 뒤로 바다에는 거대한 황금빛 범선이 있었다.

"준비되었니?" 시간의 정령이 물었다. 시간의 정령의 목소리는 청동으로 만든 징처럼 진지하고 깊은 소리가 났다.

"저희는 여기에 있어요!" 수많은 아이들의 밝은 목소리가 작은 은색 종소리처럼 났다.

키 큰 할아버지는 모든 파란 아이들을 뒤로 밀었다.

"한 번에 한 명씩!" 시간의 정령이 저음의 목소리로 말했다. "필요한 사람 수보다 너희가 더 많구나! 너희는 나를 속일 수 없어!"

한 손으로는 자신의 큰 낫을 사용하고 다른 손으로는 자신의 망토를 내밀어 시간의 정령은 자신을 빠져나가려는 아이들을 막았다. p.132 아이들 중 단 한 명도 그 무시무시한 할아버지의 경계하는 시선을 빠져나가지 못했다.

"네 차례가 아니야!" 시간의 정령이 한 아이에게 말했다. "너는 내일 태어날 예정이야! 네 차례도 아니야. 너는 기다려야 할 시간이 10년이나 돼. 열세 명의 양치기들? 필요한 것은 열두 명이야. 더는 필요 없어. 의사들은 더 많이 필요하냐고? 이미 너무 많아. 세상에서는 그것에 대해 불평하고 있어. 그런데 기술자들은 어디에 있지? 그들은 정직한 사람을 원해."

아이들은 홀 여기저기를 뛰어다녔다. 갈 아이들은 그들의 발명품을 꾸렸다. 머무르는 아이들은 수많은 요구를 했다.

"나에게 편지 쓸 거지?"

"편지는 쓰지 못한대!"

"오, 그래도 시도해 봐, 그래도 한 번 해 봐!"

"내 아이디어를 발표해 줘!"

p.133 "잘 가, 장. 잘 가, 피에르!"

"잊은 것이 있니?"

"네 아이디어를 잃어버리지 마!"

"세상이 좋으면 우리에게 말해 주려고 애써 봐!"

"그만! 그만!" 시간의 정령이 큰 열쇠들과 무시무시한 큰 낫을 흔들며 커다란 목소리로 말했다.

그러고 나서 아이들은 아름다운 흰 비단 돛이 달린 황금 범선으로 기어올랐다. 그들은 자신들을 떠나고 있는 어린 친구들에게 다시 손을 흔들었다. 그러나 떠나는 아이들은 멀리 있는 세상을 보았다.

"세상이다! 세상이 보여!" 그들이 행복해하며 소리쳤다.

"참 밝구나!"

"참 크구나!"

기쁨과 기대감의 노래가 멀리 어디에선가 들려왔다.

p.134 미소를 지으며 귀를 기울이고 있던 빛의 정령은 틸틸의 얼굴에서 놀란 표정을 보았다.

"그것은 아이들을 만나러 나오는 어머니들의 노래란다." 빛의 정령이 말했다.

그 순간 문을 닫은 시간의 정령이 틸틸을 보았다. 시간의 정령은 화를 내면서 자신의 큰 낫을 흔들며 틸틸에게 달려갔다.

"서둘러!" 빛의 정령이 말했다. "서둘러! 파랑새를 잡아, 틸틸, 그리고 미틸과 함께 내 앞으로 가거라."

빛의 정령은 틸틸의 품 안에 자신이 망토 속에 숨겨 두었던 새를 찔러 넣었고, 시간의 정령의 공격으로부터 자신이 책임지는 아이들을 보호하려고 계속해서 달렸다.

그들은 몇 개의 터키옥과 사파이어 방들을 지나갔다. 그것들은 엄청나게 아름다웠지만, 아이들은 시간의 정령이 영향력이 큰 주인으로 있는 미래의 왕국에 있었고, 그들은 그의 분노에서 도망쳐야 했다.

p.135 미틸은 몹시 놀랐고, 틸틸은 초조하게 계속 빛의 정령 주변을 돌았다.

"두려워하지 마." 빛의 정령이 말했다. "세상이 시작된 이래로 나는 시간의 정령이 존중하는 유일한 사람이란다. 파랑새나 잘 돌보아 주렴."

틸틸은 이 생각이 마음에 들었다. 틸틸은 보물이 자신의 품 안에서 움직이고 있는 것을 느꼈다. 틸틸은 새의 부드러운 날개를 너무 꽉 쥐는 것을 두려워했고, 그의 심장은 새의 심장과 맞닿은 채 뛰었다. 이번에는 틸틸이 파랑새를 안고 있었다! 그 새는 빛의 정령에게 직접 받은 것이었기 때문에 아무도 그 새를 건드릴 수 없었다.

틸틸은 너무나 기뻐서 자신이 어디로 가고 있는지도 거의 몰랐다. 틸틸의 기쁨은 그의 머릿속에서 종처럼 울렸다. 틸틸은 자부심으로 몹시 흥분했다. 그들이 궁전의 입구를 막 가로지르려고 할 때, 바람이 입구에 있는 홀을 통해 불어왔다. 바람이 빛의 정령의 망토를 들어 올렸고, 마침내 여전히 두 아이들을 쫓고 있던 시간의 정령의 눈에 그들의 모습이 드러났다. p.136 분노의 고함 소리와 함께 시간의 정령은 자신의 큰 낫을 휘둘렀다.

빛의 정령은 틸틸과 미틸을 보호했고 궁전의 문이 그들 뒤로 닫혔다. 그들은 구출되었다. 하지만 맙소사, 틸틸은 팔을 벌렸고, 이제 그의 눈물 사이로 미래의 새가 그들을 머리 위 파란 하늘로 날아가는 것이 보였다.

# 빛의 정령의 사원에서

p.137 틸틸은 미래의 왕국에서 즐겁게 보냈다. 틸틸은 많은 멋진 물건들과 수많은 어린아이들을 보았다. 수고를 하지도 않고 말썽을 일으키지도 않고 틸틸은 가장 신비한 방법으로 자신의 품 안에서 파랑새를 발견했었다. p.138 틸틸은 그보다 더 아름다운 것도 또는 더 파란 어떠한 것도 상상해 본 적이 없었다. 틸틸은 여전히 그 새가 자신의 심장과 맞닿은 채 움직이고 있는 것을 느꼈고 계속 팔로 자기 가슴을 끌어안고 있었다.

그 새는 꿈처럼 사라지고 말았다!

틸틸은 빛의 정령과 손을 잡고 걸어가면서 애석하게 생각하고 있었다. 그들은 빛의 정령의 사원 뒤쪽에 있었고 동물들과 물건들이 있는 방들로 가고 있는 중이었다. 어리석은 물건들은 너무 많이 먹고 술을 마셔서 바닥에 누워 잠을 자고 있었다! 틸로는 식탁 밑에 있었고 고래처럼 코를 골고 있었다.

문소리는 틸로가 귀를 쫑긋 세우게 만들었다. 틸로는 한쪽 눈을 떴으나 너무 많이 술을 마셨던 터라서 자기 주인의 얼굴을 알아보지 못했다.

틸로는 엄청난 노력을 하여 일어섰고, 몇 바퀴 돌더니 만족한 듯 다시 바닥으로 털썩 쓰러졌다.

빵의 정령과 다른 이들도 그만큼 안 좋았다. 유일한 예외는 고양이였는데, 그녀는 대리석과 황금으로 만든 벤치에 예쁘게 몸을 꼿꼿이 세우고 앉아 있었다. p.139 고양이는 온전히 제정신을 차리고 있는 듯했다. 고양이는 땅으로 뛰어내려 미소를 지으며 틸틸에게 걸어갔다.

"보고 싶었어요." 고양이가 말했다. "저는 이 사람들 사이에서 아주 불쾌했어요. 그들은 우선 포도주를 몽땅 다 마셨고 그런 다음에는 소리치고 노래하고 춤추고 싸우기 시작했어요. 그들이 시끄럽게 굴어서 마침내 그들이 잠이 들었을 때 저는 기뻤어요."

아이들은 고양이를 따뜻하게 칭찬해 주었다. 아이들에게 다정하게 입을 맞춘 후, 틸레트는 빛의 정령에게 부탁을 했다.

"저는 몹시 안 좋은 시간을 보냈어요." 고양이가 말했다. "잠시 나가게 해 주세요. 저는 혼자 있고 싶어요."

빛의 정령은 아무것도 의심하지 않고 동의했다. p.140 고양이는 즉시 망토를 끌어당겨 걸치고, 모자를 똑바로 세워 쓰고, 부드러운 회색 장화를 끌어당겨 신고, 문을 열고, 숲 속으로 달려갔다. 사악한 틸레트가 어디로 가고 있고 그녀의 수상한 계획이 무엇인지 잠시 후 우리는 알게 될 것이다.

아이들은 다이아몬드로 뒤덮인 커다란 방 안에서 빛의 정령과 함께 저녁 식사를 했다. 하인들이 그들 주변에서 미소를 지으며 돌아다녔고 맛있는 요리와 케이크들을 가지고 왔다.

저녁 식사 후, 틸틸과 미틸은 졸렸다. 시간은 일렀으나, 그들은 많은 모험을 했다. 친절하고 사려 깊은 빛의 정령은 아이들이 세상에 있는 것처럼 살게 해 주었다. 빛의 정령은 어둠이 아이들에게는 밤처럼 보이게 될 사원의 한 부분에 아이들의 작은 침대를 두었다.

아이들은 자신들의 침실에 다다르려고 많은 문을 지나갔다. 그들은 먼저 사람들에게 알려져 있는 모든 빛을 지나야 했고, 그런 다음에는 사람들이 아직 알지 못하는 모든 빛을 지나야 했다.

p.141 아이들은 가난한 사람들의 빛으로 갔다. 이곳에서 아이들은 갑자기 마치 자신들이 모든 것이 소박하고 평화로운 부모님의 오두막집에 있는 듯한 느낌을 받았다. 희미한 불빛은 매우 순수하고 맑았으나 또한 약했다.

다음에 그들은 아름다운 시인들의 빛에 도착했는데, 그것은 무지개 색깔을 모두 가지고 있었기 때문에 아이들은 그 빛을 좋아했다. 그 빛을 지나갈 때에는 잡을 수 없는 아름다운 그림과 아름다운 꽃들과 아름다운 장난감들이 보였다. 행복하게 웃으며, 아이들은 새들과 나비들을 뒤쫓았으나, 모든 것은 사라졌다.

"저는 이해할 수 없어요!" 틸틸이 말했다.

"나중에는 이해하게 될 거야." 빛의 정령이 대답했다. "그것을 이해하면, 너는 파랑새를 볼 때 그것을 알아보는 몇 안 되는 인간들 중 한 사람이 될 거야."

p.142 다음에 틸틸과 미틸은 학자들의 빛에 도달했는데, 그것은 알려진 빛과 알려지지 않은 빛 사이에 있었다.

"가자." 틸틸이 말했다. "이 빛은 따분해."

사실 틸틸은 약간 놀랐는데, 자신들이 차갑고 으스스한 아치형 구조물들이 길게 이어진 줄에 있었기 때문이었다. 매순간 번개가 쳤다. 번개가 칠 때마다 아직 이름이 없는 물건들이 보였다.

이 아치형 구조물들을 지나, 그들은 인간에게 알려지지 않은 빛에 도달했다. 비록 졸음이 왔지만, 틸틸은 보라색과 빨간색으로 칠해진 홀을 응시했다.

마침내 그들은 사람들이 자기들 눈에 보이지 않기 때문에 어둠이라고 부르는 부드러운 검은 빛의 방에 도착했다. 그리고 이곳에서 아이들은 두 개의 부드러운 구름 침대 위에서 빠르게 잠이 들었다.

## 묘지

p.143 모험을 하러 가지 않을 때, 아이들은 빛의 나라에서 장난을 치며 돌아다녔다. 정원과 사원 주변 지역은 금은으로 된 홀과 방만큼이나 근사했다.

p.144 몇몇 식물들의 잎들은 아주 넓고 튼튼해서 아이들은 그 위에 누울 수 있었다. 바람의 숨결이 잎들을 움직이면, 아이들은 해먹 안에 있는 것처럼 흔들렸다. 그곳은 언제나 여름이었으며 밤은 없었다. 매시간 다른 색깔이었다. 분홍색, 흰색, 파란색, 엷은 자색, 초록색 그리고 노란색 시간이 있었다. 꽃들, 과일들, 새들, 나비들과 향기들 역시 바뀌었는데, 이는 언

제나 틸틸과 미틸을 놀라게 했다. 그들은 그들이 바랄 수 있는 모든 장난감들을 가지고 있었다.

노는 것이 지치면, 그들은 작은 배만큼이나 길고 넓은 도마뱀 등에 앉았다. 그런 다음 그들은 재빨리 설탕처럼 희고 맛있는 모래 너머 정원 길 주위를 빠르게 돌며 경주했다. 그들이 목이 마를 때는 물의 정령이 거대한 꽃받침 안으로 머리를 흔들었고, 아이들은 백합, 튤립, 나팔꽃에서 물을 마셨다. p.145 배가 고프면, 그들은 햇살처럼 빛나는 즙을 가지고 있는, 반짝반짝 빛나는 과일들을 집어 들었다.

또한 관목들 속에는 마법의 힘을 지닌 흰 대리석 연못이 있었다. 그 연못의 맑은 물은 그 안을 들여다보는 사람들의 얼굴이 아니라 영혼을 비추었다.

"그것은 우스꽝스러운 발명품이야." 연못 근처에 간 적이 없는 고양이가 말했다.

우리의 충성스러운 틸로는 그곳에 가서 물을 마시는 것을 두려워하지 않았다. 틸로는 자신의 생각을 드러내는 것을 두려워하지 않았는데, 그는 영혼이 전혀 사악하지 않은 유일한 동물이기 때문이었다. 틸로는 사랑과 친절과 헌신 외에는 아무런 감정이 없었다.

몸을 숙이고 마법의 거울을 들여다볼 때, 틸틸은 거의 언제나 파랑새 그림을 보았다.

p.146 "파랑새가 어디에 있는지 저에게 말해 주세요." 틸틸이 빛의 정령에게 사정했다. "모든 것을 알고 계시잖아요. 어디에서 파랑새를 찾아야 하는지 말씀해 주세요!"

"나는 너에게 아무것도 말해 줄 수가 없어. 너는 스스로 파랑새를 찾아야 해. 기운 내. 너는 매번 시험 때마다 파랑새에 더 가까워지고 있단다." 빛의 정령이 알쏭달쏭하게 대답하고 틸틸에게 입을 맞추어 주었다. "나는 요정 베릴룬으로부터 파랑새가 아마도 묘지에 숨겨진 것 같다고 쓰인 메시지를 받았단다. 묘지에 있는 죽은 사람들 가운데 한 명이 파랑새를 자기 무덤 속에 가지고 있는 것 같구나."

"저희가 어떻게 하면 될까요?" 틸틸이 물었다.

"아주 간단해. 자정에 너는 다이아몬드를 돌리게 될 것이고, 죽은 사람들이 땅에서 나오는 것을 보게 될 거야."

이 말에 우유의 정령, 물의 정령, 빵의 정령, 그리고 설탕의 정령은 고함을 치고 비명을 지르기 시작했다.

"저들은 신경 쓰지 마." 빛의 정령이 틸틸에게 속삭이며 말했다. p.147 "저들은 죽은 사람들을 두려워한단다."

"나는 죽은 사람들이 두렵지 않아!" 불의 정령이 춤을 추며 말했다. "나는 예전에 그들을 태우곤 했어."

"오, 나 토할 것 같아." 우유의 정령이 눈물을 흘렸다.

"나는 두렵지 않아." 개가 몸을 부르르 떨며 말했다. "하지만 너희가 도망친다면, 나 역시 기쁘게 도망칠 거야."

"나는 뭐가 뭔지 알아." 고양이가 평소의 수상한 태도로 말했다.

"조용히 해." 빛의 정령이 말했다. "너희는 나와 묘지 정문에서 기다려야 해. 아이들끼리만 가게 될 거야."

"우리와 함께 가지 않으세요?" 틸틸이 물었다.

"아니." 빛의 정령이 말했다. "그것을 위한 시간은 아직 도착하지 않았단다. 빛의 정령은 아직 죽은 사람들 사이로 들어갈 수 없단다. 게다가 두려워할 것은 아무것도 없어. p.148 나는 멀리 있지 않을 거야. 나를 사랑하고 내가 사랑하는 사람들은 언제나 다시 나를 찾거든."

빛의 정령이 말을 끝내기도 전에 아이들 주변에 있는 모든 것이 바뀌었다. 멋진 사원, 아름다운 꽃들, 그리고 놀랍도록 예쁜 정원들이 사라졌다. 그 대신 초라하고 작은 시골 공동묘지가 있었는데, 묘지는 부드러운 달빛을 받고 있었다. 아이들 근처에는 수많은 무덤들, 풀이 우거진 흙더미들, 나무 십자가들, 그리고 묘비들이 있었다. 틸틸과 미틸은 겁에 질려 서로를 껴안았다.

"나 무서워!" 미틸이 말했다.

"나는 전혀 무섭지 않아." 두려움으로 덜덜 떨고 있었지만 그런 말을 하고 싶지 않았던 틸틸이 말했다.

"죽은 사람들은 사악해?" 미틸이 물었다.

"아니." 틸틸이 말했다. "그들은 살아 있지 않은 거야."

p.149 "한 명이라도 본 적이 있어?"

"응, 한 번. 아주 오래 전에 내가 아주 어렸을 때……."

"어떻게 생겼는데?"

"아주 하얗고 아주 조용하고 아주 차가웠고, 말을 하지 않았어……."

"우리가 그들을 보게 될까?"

틸틸은 이 질문에 몸을 덜덜 떨었고, 다시 목소리에 힘을 주려고 성공하지도 못할 노력을 했다.

"물론이지, 빛의 정령님이 그렇게 말씀하셨잖아!" 틸틸이 대답했다.

"죽은 사람들이 어디에 있는데?" 미틸이 물었다.

"죽은 사람들은 여기에 있어." 틸틸이 말했다. "풀밭 밑 아니면 저 커다란 돌들 밑에."

"저것들이 죽은 사람들의 집 문들이야?" 미틸이 비석들을 가리키며 물었다.

p.150 "그래."

"날씨가 좋으면 죽은 사람들이 나와?"

"죽은 사람들은 밤에만 나올 수 있어."

"왜?"

"왜냐하면 죽은 사람들은 잠옷을 입고 있거든."

"비가 올 때도 죽은 사람들이 나와?"

"비가 오면 죽은 사람들은 그냥 집에 있어."

"그런데 죽은 사람들은 무엇을 먹어?"

틸틸은 대답하기 전에 생각을 해 보려고 멈춰 섰다. 미틸의 오빠로서, 틸틸은 모든 것을 알고 있는 것이 의무라고 느꼈지만, 미틸의 질문은 종종 틸틸을 당황하게 만들었다.

"그들은 나무뿌리를 먹어!" 틸틸은 추측했다.

미틸은 아주 만족했고 가장 중요한 질문으로 돌아갔다.

"우리가 그들을 보게 될까?" 미틸이 물었다.

"물론, 내가 다이아몬드를 돌리면 우리는 모든 것을 보게 될 거야." 틸틸이 말했다.

"그러면 그들이 뭐라고 말할까?"

"그들은 말을 하지 않으니까 아무 말도 안 할 거야." 틸틸이 조바심 내며 대답했다.

p.151 "왜 그들이 말을 안 하는데?" 미틸이 물었다.

"할 말이 아무것도 없기 때문이야." 더 화가 나고 당황해서 틸틸이 말했다.

"왜 할 말이 아무것도 없는데?"

이번에 틸틸은 화가 났다. 틸틸은 어깨를 으쓱하고 미틸을 밀어냈다.

"귀찮게 하는구나!" 틸틸이 화를 내며 소리쳤다.

미틸은 크게 실망하고 당황했다. 미틸은 다시는 말하지 않기로 작정했다. 하지만 바람의 숨결이 나뭇잎들을 속삭이게 했다. 갑자기 아이들은 자신들의 공포와 자신들의 외로움이 기억났다. 그들은 끔찍한 고요함을 듣지 않으려고 서로 꼭 껴안고 다시 말하기 시작했다.

"다이아몬드는 언제 돌릴 거야?" 미틸이 물었다.

"자정이 죽은 자들이 깨어나는 때이기 때문에 내가 자정까지 기다려야 한다고 빛의 정령님이 말씀하시는 것을 들었잖아. p.152 그때가 그들이 공중에서 날아다니는 시간이야."

"아직 자정이 안 됐어?"

틸틸은 몸을 돌려 교회의 시계를 보았는데, 대답할 기운은 거의 없었다. 거의 자정이 다 되었다!

"들어 봐. 시계종이 치려고 해. 저기! 들리니?" 틸틸이 물었다.

그리고 시계가 열두 시를 쳤다.

그때 죽을 정도로 놀란 미틸이 발을 구르고 크게 소리를 지르기 시작했다.

"나는 떠나고 싶어! 나는 떠나고 싶어!"

"지금은 안 돼. 나는 다이아몬드를 돌릴 거야." 비록 공포로 얼어붙었지만 틸틸이 말했다.

"안 돼, 안 돼, 안 돼!" 미틸이 소리쳤다. "나 정말 무서워, 오빠! 그러지 마! 나는 떠나고 싶어!"

틸틸은 자신의 손을 들어 올리려고 애썼다. 틸틸은 다이아몬드에 손을 뻗을 수 없었는데, 미틸이 자기 오빠의 팔에 온 몸의 무게를 다 싣고 매달려 있기 때문이었다.

p.153 "나는 죽은 사람들을 보고 싶지 않아! 그들은 끔찍할 거야! 나는 너무 많이 무서워!" 미틸이 소리쳤다.

가엾은 틸틸은 미틸만큼 겁이 났지만, 각 시험마다 틸틸의 의지와 용기는 점점 더 커졌다. 틸틸이 맡은 임무를 수행하는 중에 틸틸을 실패하게 만들 수 있는 것은 아무것도 없었다. 열한 번째 종을 치는 소리가 울렸다.

"시간이 흐르고 있어!" 틸틸이 소리쳤다. "지금이 그 시간이야!"

틸틸은 미틸의 팔에서 몸을 빼내고 다이아몬드를 돌렸다.

끔찍한 침묵의 순간이 가엾은 어린아이들을 따라왔다. 그런 다음 그들은 십자가들이 움직이고, 흙무더기가 열리고, 묘비들이 일어서는 것을 보았다.

미틸은 틸틸의 가슴에 자신의 얼굴을 묻었다.

"그들이 나오고 있어!" 미틸이 소리쳤다. p.154 "그들이 저기 있어!"

고통은 용감한 어린 소년이 견딜 수 있는 것 이상이었다. 틸틸은 눈을 감고 자기 옆에 있는 나무에 기대었다. 틸틸은 자신에게는 100년 같았던 찰나의 시간 동안 그렇게 있었다. 틸틸은 움직이고 싶지도, 숨을 쉬고 싶지도 않았다.

그런 다음 틸틸은 새들이 노래하는 소리를 들었다. 틸틸은 더운 바람을 들이마셨다. 자신의 손과 목에서 틸틸은 습한 여름 태양의 부드러운 온기를 느꼈다. 틸틸은 그것을 믿을 수가 없었다! 틸틸은 눈을 떴고 즉시 행복하게 소리 지르기 시작했다.

열려 있는 모든 무덤에서 수천 송이의 아름다운 꽃들이 나왔다. 그 꽃들은 도처에서 자랐는데, 길에도 나무에도 풀밭에서도 자랐다. 꽃들은 마치 하늘에 닿을 것처럼 계속해서 자랐다. 꽃들 주위로 새들이 노래하고 벌들이 윙윙거렸다.

"믿을 수 없어!" 틸틸이 말했다. "그것은 가능하지 않아! p.155 무덤과 십자가들에는 무슨 일이 일어난 거야?"

당황하고 깜짝 놀라서 두 아이들은 손을 잡고 이제는 사방이 멋진 정원처럼 보이는 묘지를 통과하여 걸어갔다. 그들은 끔찍한 오싹함을 느낀 후라서 아주 기분이 좋았다. 그들은 못생긴 해골들이 흙 속에서 일어나 자신들을 쫓아 달려올 것이라고 생각했었다. 그들은 온갖 종류의 끔찍한 것들을 상상했었다.

그리고 이제 진실을 앞에 두고 그들은 자신들이 들어 왔던 모든 것이 대단한 이야기라는 것을 알았다. 죽는 것은 없으며 생명은 언제나, 그러나 새로운 형태로 계속된다는 것을 그들은 알았다. 시들고 있는 장미들은 다른 장미들을 만들어 내고, 그 꽃의 흩어진 꽃잎들은 좋은 냄새가 난다. 과일들은 나무에서 꽃들이 떨어지면 열린다. p.156 털이 많은 쐐기벌레는 멋진 나비로 변한다. 아무것도 죽지 않고, 다만 변할 뿐이다.

아름다운 새들이 틸틸과 미틸 주변을 선회했다. 파란 새들은 없었지만, 두 아이들은 자신들이 발견한 것에 너무 기뻐서 더 이상 아무것도 묻지 않았다.

"죽는 것은 없어!" 그들이 되풀이했다.

# 숲

p.157 틸틸과 미틸이 침대에 들어가자마자 빛의 정령은 그들에게 입을 맞추고 즉시 사라졌으므로 아이들은 어둠 속에서 잘 수 있었다.

파란 아이들에 대한 꿈을 꾸고 있던 틸틸이 부드러운 공단 발이 자신의 얼굴 위를 지나가는 것을 느꼈을 때는 거의 자정 무렵이었다. p.158 틸틸은 놀라서 침대에 일어나 앉았다. 하지만 어둠 속에서 자신의 친구인 틸레트의 빛나는 눈을 보았을 때 긴장을 풀었다.

"조용히 하세요!" 고양이가 틸틸의 귀에 대고 말했다. "쉿! 아무도 깨우지 마세요. 들키지 않고 밖으로 나가면, 우리는 오늘 밤에 파랑새를 잡게 될 거예요. 저는 우리에게 승리를 가져다줄 계획을 준비하느라 제 목숨을 걸었어요, 나의 사랑하는 주인님!"

"하지만 빛의 정령님은 우리를 기꺼이 도와주실 텐데……." 틸틸이 틸레트에게 입을 맞추며 말했다.

"만약 빛의 정령에게 말하면, 모든 것을 잃게 돼요." 고양이가 민첩하게 말했다. "제 말을 믿고, 제가 말씀드리는 대로 하세요."

이 말을 하면서 고양이는 미틸에게 재빨리 옷을 입혔는데, 미틸은 소음을 듣고 그들과 함께 가고 싶어 했다.

"너는 이해를 못하는 거야." 틸틸이 불평했다. "너는 너무 작아. 우리가 나쁜 짓을 하고 있다는 것을 너는 몰라."

하지만 사악한 고양이는 틸틸이 지금까지 파랑새를 발견하지 못한 이유는 너무 밝은 빛의 정령 때문이라고 말하는 것으로 대답했다. p.159 아이들끼리만 어둠 속으로 사냥하러 가도록 내버려 두면, 그들은 곧 사람들의 행복을 만들어 주는 모든 파랑새들을 발견하게 될 것이라는 것이었다.

고양이가 너무나 영리한 면모를 드러내어서 곧 틸틸은 고양이의 말에 동의하기 시작했다. 틸틸은 마음이 너무 약해서 속임수에 속아 넘어가지 않을 수 없었다. 틸틸은 자신이 확신을 갖도록 마음을 풀었고 사원 밖으로 나갔다. 가엾은 어린 소년 같으니!

우리의 세 친구들은 흰 달빛을 받으며 들판을 가로질러 갔다. 고양이는 몹시 흥분한 것 같았다. 고양이는 계속 말을 하고 빨리 달렸다.

"이번에는 우리가 파랑새를 발견하게 될 거예요." 고양이가 말했다. "저는 그것을 확신해요! 저는 바로 그 가장 오래된 숲에 있는 모든 나무들에게 물어봤어요. 그들은 파랑새가 그들 사이에 숨기 때문에 파랑새를 안대요. p.160 저는 그 지역에 있는 모든 동물들을 부르러 토끼를 보냈답니다."

그들은 한 시간 후에 짙은 숲에 도착했다. 그런 다음 그들은 멀리서 자신들에게 달려오고 있는 듯한 누군가를 보았다. 틸레트는 그것이 자신의 숙적이라는 것을 짐작했다. 틸레트는 화가 났다. 그가 틸레트의 계획을 중단시키게 되었을까? 그가 틸레트의 비밀을 짐작했다는 말인가? 그가 아이들의 목숨을 구하러 오고 있는 것이었을까?

"틸로라고 말씀드리게 되어 유감스럽네요." 고양이가 속삭였다. "개의 출현은 우리를 실패하게 만들 거예요. 숲 속의 나무와 동물들은 개를 몹시 싫어해요. 개에게 돌아가라고 말해 주세요!"

"저리 가, 이 못생긴 것아!" 틸틸이 주먹을 개에게 흔들며 말했다.

고양이의 계획을 의심했기 때문에 따라온 틸로는 이 말에 몹시 상처를 받았다. 개는 울기 직전이었고 할 말이 아무것도 생각나지 않았다.

p.161 "저리 가라니까! 내 말 안 들려?" 틸틸이 다시 말했다. "우리는 네가 여기 있는 것을 원하지 않아."

다른 때라면 개는 갔을 것이었다. 그러나 개의 마음은 그에게 이것이 심각한 문제라고 말했다.

"개를 있게 놔두시면 어떡해요?" 고양이가 틸틸에게 속삭이며 말했다. "막대기로 개를 때리세요."

고양이가 제안한 대로 틸틸은 개를 때렸다.

가엾은 개는 소리를 질렀으나 자기 자신을 희생하려고 했다. 개는 자신의 어린 주인에게 용기를 내어 다가갔다. 개는 틸틸을 자신의 품 안에 꼭 안았다. 마음씨 착한 어린 소년인 틸틸은 어떻게 해야 할지 몰랐다. 고양이는 매우 화가 났다. 다행히도 미틸은 개를 도와주고 싶어 했다.

"나는 틸로가 있었으면 해." 미틸이 사정했다.

'개를 보내 버릴 다른 방법을 찾아야겠군.' 고양이는 생각했다. "네가 우리와 합류하면 우리는 기쁠 거야!" 고양이가 개에게 말했다.

p.162 그들이 거대한 숲에 들어갔을 때, 아이들은 자신들의 양옆에 고양이와 개를 데리고 함께 꼭 붙어 있었다. 그들은 고요함과 어둠에 놀랐다.

"다 왔어요!" 고양이가 소리쳤다. "다이아몬드를 돌리세요!"

그러자 빛이 그들에게 멋진 광경을 보여 주었다. 그들은 숲의 심장부에 있는 커다란 공간의 한가운데에 서 있었다. 오래된 나무들이 하늘 높이 뻗어 있는 듯했다. 모든 것이 평화롭고 고요했으나, 갑자기 이상한 기운이 나무들 사이로 흘렀다.

나뭇가지들은 사람의 팔처럼 움직이고 쭉 뻗어 나왔다. 뿌리들이 한데 나와서 다리와 발 모양을 만들었다. 굉장한 쿵 소리가 공중에 울렸다. 나무 몸통이 활짝 열리더니 각자의 영혼을 흘려 내보냈다.

p.163 일부는 자신들의 나무 몸통에서 천천히 걸어 나왔다. 다른 나무들은 껑충 뛰어 나왔다. 그들 모두 호기심을 가지고 틸틸과 미틸의 주위로 모여들었다.

"인간의 꼬마 녀석들이로군!" 미루나무가 말했다. "우리는 저 아이들에게 말할 수 있게 될 거야! 저 아이들은 어디에서 왔는가? 저 아이들이 누구인가?"

유쾌한, 뚱뚱한 남자로 변한 참피나무가 담배를 피우면서 침착하게 다가왔다. 허영심이 많은 밤나무는 아이들을 바라보려고 안경을 썼다. 밤나무는 분홍색과 흰색 꽃들이 달린 초록색 비단 외투를 입었다. 밤나무는 아이들이 너무 가난해 보인다고 생각했다.

"오, 이런!" 자신에게는 너무 큰 나무 신발 한 켤레를 신은 땅딸보 버드나무가 눈물을 흘렸다. "그들은 장작용으로 내 머리와 팔을 자르려고 온 거야!"

p.164 틸틸은 자신의 눈을 믿지 못했다.

"이것은 누구야?" 틸틸이 고양이에게 물었다. "저것은 누구야?"

틸레트는 각각의 나무의 정령들을 틸틸에게 소개해 주었다.

토실토실 살찌고 키가 작은 느릅나무가 있었다. 너도밤나무는 우아하고 에너지가 가득했다. 박달나무는 밤의 정령의 궁전에 있는 유령들처럼 생겼다. 가장 키가 큰 형체는 전나무였다. 틸틸은 전나무의 얼굴을 보는 것이 아주 힘들다는 것을 알았다. 전나무는 점잖고 슬퍼 보였다. 전나무 근처에 검은 옷을 입고 서 있는 사이프러스는 틸틸을 겁주었다.

그러나 지금까지는 아주 끔찍한 일은 아무것도 일어나지 않았다. 말을 할 줄 알게 된 것에 기뻐하는 나무들은 모두 함께 잡담 중이었다. 틸틸은 그냥 파랑새가 어디에 숨어 있는지 물어보려고 했는데, 그때 갑자기 주위가 조용해졌다.

나무들은 정중하게 고개를 숙였고 이끼와 지의로 만들어진 긴 드레스를 입은 한 늙은 나무에게 길을 내주려고 한옆으로 비켜섰다. p.165 늙은 나무는 한 손은 지팡이에 의지하고 다른 손은 어린 떡갈나무 묘목에 의지하고 있었다. 그 늙은 떡갈나무가 눈이 멀었기 때문에 어린 묘목이 늙은 나무를 도와주었다.

"왕이구나!" 틸틸은 떡갈나무의 겨우살이 왕관을 보았을 때 혼잣말을 했다. "그에게 숲의 비밀을 물어봐야지."

틸틸은 놀라움과 기쁨을 느꼈다. 파랑새가 늙은 떡갈나무의 어깨 위에 앉아 있었다.

"그가 파랑새를 가지고 있어!" 틸틸이 행복해하며 소리쳤다. "어서요! 파랑새를 저에게 주세요!"

"조용히!" 크게 충격을 받은 나무들이 말했다.

"모자를 벗으세요, 틸틸." 고양이가 말했다. "떡갈나무예요!"

틸틸은 미소를 지으며 모자를 벗었다. 틸틸은 자신이 위험에 빠져 있다는 것을 이해하지 못했다. p.166 떡갈나무는 틸틸에게 나무꾼 틸의 아들인지 물었다. 틸틸은 "네, 떡갈나무님!"이라고 대답하는 것을 주저하지 않았다.

"우리 가족들 중에서 네 아버지가 600명의 아들, 475명의 삼촌과 숙모들, 1,200명의 사촌들, 380명의 사위들과 12,000명의 증손자 증손녀들을 죽였다!" 떡갈나무가 말했다.

틸틸은 항의하지 않고 귀를 기울였다.

"실례합니다, 떡갈나무님." 틸틸이 정중하게 말했다. "떡갈나무님이 파랑새가 어디에 있는지 알려줄 거라고 고양이가 말했어요."

떡갈나무는 너무 나이가 많아서 인간과 동물들에 관한 모든 일을 모를 리가 없었다. 떡갈나무는 수염 사이로 미소를 지었다. 떡갈나무는 고양이의 속임수를 짐작했고 기뻐했다. 떡갈나무는 그의 백성들을 죽인 것에 대하여 인간에게 화가 나 있었다.

"그것은 몹시 아픈 요정 베릴룬 님의 어린 딸 때문이에요." 틸틸이 말을 이었다.

p.167 "그만!" 떡갈나무가 틸틸을 조용히 시키며 말했다. "나는 동물들 소리가 들리지 않는구나. 그들이 어디에 있지?"

"그들이 이리로 온다!" 전나무가 말했다. "그들이 토끼를 따라오고 있어. 말, 황소, 암소, 늑대, 양, 돼지, 염소, 곰의 정령들이 보여."

모든 동물들이 이제 도착했다. 그들은 뒷다리로 걷고 인간들처럼 옷을 입고 있었다. 어리석은 염소와 배고픈 돼지를 제외하면 그들은 나무들과 함께 원을 형성했다. 염소는 춤추고 놀기 시작했다. 돼지는 송로버섯을 찾았다.

"모두들 참석했나?" 떡갈나무가 물었다.

"암탉은 자기 알들을 떠날 수 없었어요." 토끼가 말했다. "산토끼는 달리기를 하러 나갔고, 사슴은 발이 아픕니다. 여우는 병이 났습니다. 여기 의사의 편지가 있어요. 거위는 이해를 못했고, 칠면조는 날아가 버렸어요."

p.168 "봐!" 틸틸이 미틸에게 속삭였다. "그들이 웃기지 않아? 그들은 크리스마스 철에 창가에 있는 잘 사는 아이들의 멋진 장난감들과 똑같아."

토끼는 자신의 커다란 귀에 모자를 걸치고 있어서 그들이 정말로 웃음을 터트리게 만들었다. 토끼는 파란 외투와 북을 가지고 있었다.

한편 떡갈나무는 나무들과 동물들에게 상황을 설명하고 있었다. 틸레트는 그들이 인간을 몹시 싫어해야 한다고 생각하는 중이었다.

"너희 앞에 있는 아이는 우리의 파랑새를 손에 넣고 싶어 한다." 떡갈나무가 말했다. "그 아이는 생명의 기원 이래로 우리가 지켜 온 비밀을 우리에게서 가지고 갈 거야. 만약 그 아이가 그 비밀을 가지면 인간이 우리에게 무슨 짓을 할 것인지는 의심의 여지가 없어. 우리는 주저할 수 없어. 너무 늦기 전에 저 아이를 막아야 해."

p.169 "떡갈나무가 뭐라고 말하고 있는 거야?" 떡갈나무가 하는 말의 뜻을 이해하지 못한 틸틸이 말했다.

"내 이빨이 보여, 이 늙은 절름발이야?" 개가 으르렁거렸다.

"저 녀석이 어떻게 감히 저런 짓을 하지?" 너도밤나무가 말했다.

"그 개를 내보내!" 떡갈나무가 화를 내며 소리쳤다. "개가 우리를 배신한다!"

"제가 뭐랬어요?" 고양이가 틸틸에게 속삭였다. "제가 일을 바로잡겠어요. 하지만 개는 보내 버리세요."

"저리 가!" 틸틸이 개에게 말했다.

"저에게 떡갈나무의 이끼 슬리퍼를 먹게 해 주세요!" 틸로가 사정했다.

틸틸은 틸로를 막을 수 있었다. 위험한 상황을 이해한 틸로는 매우 화가 났다. 고양이가 담쟁이덩굴을 부를 생각을 하지 않았다면 틸로는 자기 주인을 구하는 데 성공했을 것이었다. 개는 모두에게 소리를 지르며 미친 사람처럼 날뛰었다.

p.170 "자, 나랑 싸우자, 이 늙은 끈 덩어리야!" 틸로가 담쟁이덩굴에게 말했다.

나무들과 동물들은 화가 났으나, 너무 두려워서 저항하지 못했다. 하지만 틸틸은 틸로가 그러지 못하게 했는데, 갑자기 틸로는 자기 주인의 발치에 누웠다. 담쟁이덩굴은 가엾은 개를 묶었다. 틸로는 밤나무 뒤로 옮겨졌고 밤나무의 가장 커다란 나무뿌리에 묶였다.

"자, 지금이 우리가 인간을 심판할 수 있는 첫 번째 시간이다!" 떡갈나무가 천둥 같은 목소리로 말했다. "우리는 너무나 많은 부당한 행위를 겪어서 어떤 심판이 내려질지는 의심할 여지도 없다."

"죽음!" 모든 동물들이 외쳤다.

가엾은 아이들은 처음에는 알아듣지 못했다. 자신들의 특수한 언어로 이야기하곤 했던 나무들과 동물들은 그다지 분명하게 말을 하지 않았다. 게다가 순진한 아이들은 그들이 자신들을 죽이려고 한다는 것을 결코 상상조차 하지 못했다.

p.171 "저들에게 무슨 문제가 있는 거야?" 틸틸이 물었다. "화가 났나?"

"놀라지 마세요." 고양이가 말했다. "저들은 봄이 늦어져서 약간 화가 났어요."

그리고 고양이가 틸틸의 귀에 대고 계속해서 말을 했으므로 틸틸은 나무들과 동물들의 말에 귀를 기울일 수가 없었다.

다른 이들은 아이들을 죽이는 가장 좋은 방법을 의논하고 있었다. 황소는 자기 뿔로 아이들을 찔러 죽이는 것을 제안했다. 너도밤나무는 자신의 가장 높은 나뭇가지에 아이들을 매달자고 제안했다! 전나무는 관을 짤 나무를 줄 것이었다.

"가장 간단한 방법은 나의 강물들 중 하나에 아이들을 익사시키는 거야." 버드나무가 속삭였다.

"우리가 여자아이를 잡아먹어야 해." 돼지가 말했다.

p.172 "조용히!" 떡갈나무가 말했다. "우리가 결정해야 하는 것은 우리들 중 누가 그들을 먼저 공격할 것인가 하는 거야."

"우리의 왕이죠!" 전나무가 말했다.

"나는 너무 늙었어!" 떡갈나무가 대답했다. "나는 눈이 멀었고 절름발이야! 너희들, 나의 나무 형제들이 먼저 그들을 공격해야 해!"

하지만 전나무는 싫다고 했다. 전나무는 너도밤나무를 추천했다.

"나는 못해." 너도밤나무가 말했다. "내가 벌레들 때문에 몸이 약하다는 것을 알잖아."

그때 느릅나무는 자신의 발가락이 아프다고 불평하기 시작했다. 사이프러스와 미루나무는 자신들은 열이 있다고 말했다.

"너희는 인간이 두렵구나!" 떡갈나무가 소리쳤다. "무기 없는 아이들조차 너희를 겁주다니! 음, 비록 나는 늙었지만, 나 혼자 우리의 숙적들을 공격하겠다! 그들이 어디에 있느냐?"

틸틸은 지난 몇 분 동안 아주 많이 두려운 마음이 들었다. 고양이는 다른 이들을 진정시키고 싶다고 말하며 갑자기 틸틸을 떠났고 돌아오지 않았다. p.173 미틸은 벌벌 떨며 틸틸을 껴안았다. 틸틸은 이들 성난 나무들과 동물들 사이에서 매우 외로움을 느꼈다. 떡갈나무가 자신을 향해 다가오는 것을 보았을 때 틸틸은 주머니칼을 꺼냈다.

"저 늙은 나무가 나를 공격하고 싶어 하는 거야?" 틸틸이 소리쳤다.

하지만 칼을 보았을 때 모든 나무들은 두려움에 벌벌 떨면서 틸틸을 제지하려고 떡갈나무에게 달려갔다. 떡갈나무는 너무 늙어서 반격하지 못했다.

"우리는 허약해!" 떡갈나무가 소리쳤다. "동물들이 우리를 도와야 해!"

동물들은 오로지 이것을 기다려 오고 있었다! 그들은 모두 간절히 인간들을 공격하고 싶어 했다. 다행히도 그들은 누가 그것을 할 것인지 결정할 수 없었다.

미틸이 소리쳤다.

p.174 "두려워하지 마." 미틸을 보호하려고 최선을 다하며 틸틸이 말했다. "나에게 칼이 있어."

"저 남자아이가 칼을 가지고 있어!" 말이 소리쳤다.

"저 아이가 내가 먼저 잡아먹어야 할 아이군." 돼지가 미틸을 보며 말했다.

"제가 여러분 모두에게 무슨 짓을 했나요?" 틸틸이 물었다.

"내 남동생들이랑 두 명의 여동생들, 나의 세 삼촌들, 나의 숙모, 나의 할아버지와 할머니를 먹었잖아. 나도 이빨이 있어!" 양이 말했다.

하지만 양과 말은 너무 겁이 나서 다른 동물들이 먼저 틸틸과 싸울 때까지 그와 싸우지 못했다.

그들이 이야기하고 있는 동안, 늑대와 곰이 뒤에서 틸틸을 공격해서 그를 떠밀어 넘어뜨렸다. 그것은 끔찍한 순간이었다. 그 자리에서 틸틸을 본 모든 동물들은 그를 공격하려고 애썼다. 틸틸은 무릎을 꿇고 자신의 칼을 꺼냈다. 미틸은 비명을 질렀고, 갑자기 주위가 어두워졌다.

p.175 "도와줘! 도와줘! 틸로!" 틸틸이 소리쳤다. "틸레트는 어디에 있지? 와 줘! 와 줘!"

고양이의 목소리는 그녀가 숨어 있는 먼 곳에서 들렸다.

"저는 갈 수 없어요!" 고양이가 소리쳤다. "저는 다쳤어요!"

지금껏 내내 용감한 어린 틸틸은 자기방어를 하고 있었다. 틸틸 혼자서 동물들 모두와 맞섰다. 틸틸은 자신이 죽게 될 것이라고 생각했다.

"도와줘! 틸로! 저들이 너무 많아! 곰! 돼지! 늑대! 전나무! 너도밤나무! 틸로!"

그때 개가 나무들과 동물들 사이로 길을 내어 펄쩍 뛰어왔다. 개는 자기 주인 앞에 몸을 내던지고 맹렬히 그를 지켰다.

"두려워하지 마세요!" 개가 소리쳤다. "저는 제 이빨을 어떻게 사용하는지 알아요!"

p.176 "멍청이!" 다른 동물들이 소리쳤다. "바보! 소년을 떠나! 우리에게 와!"

"절대로 안 돼!" 개가 말했다. "나 혼자서 너희 모두를 상대할 거야!"

"틸로, 느릅나무가 나를 쳤어!" 틸틸이 소리쳤다. "내 손에서 피가 나고 있어!" 그리고 틸틸은 땅에 쓰러졌다.

"그들이 오고 있어요!" 개가 말했다. "다른 사람의 소리가 나요! 빛의 정령이에요! 우리는 살았어요! 그들이 두려워해요!"

빛의 정령이 그들을 향해 다가오고 있었고, 그녀와 함께 새벽이 숲 너머로 일어났다.

"무슨 일이 있었니?" 아이들과 그들이 사랑하는 틸로가 상처투성이인 것을 보고 빛의 정령이 무척 놀라서 물었다. "이런, 나의 가엾은 아이야, 몰랐니? 빨리 다이아몬드를 돌려!"

틸틸은 다이아몬드를 즉시 돌렸고 나무의 정령들은 모두 그들의 나무 몸통 속으로 물러갔다. 동물의 정령들 역시 사라졌다. p.177 숲은 다시 한번 무해해졌다.

"저에게 틸로와 칼이 없었다면 저는 죽었을 거예요." 틸틸이 말했다.

빛의 정령은 틸틸을 야단치지 않기로 했다. 게다가 빛의 정령은 틸틸에게 일어났던 일에 몹시 화가 났다.

틸틸, 미틸, 그리고 개는 껴안고 입을 맞추었다. 그들은 웃으면서 상처의 개수를 세었는데, 그 상처들은 그다지 심각하지는 않았다.

"개가 제 발을 부러뜨렸어요!" 틸레트가 야옹 하고 울었다.

틸로는 고양이를 잡아먹고 싶었다.

"신경 쓰지 마!" 개가 말했다. "괜찮으니까!"

"고양이를 내버려 둬, 그럴 거지, 이 못생긴 짐승아." 미틸이 말했다.

틸틸과 미틸은 모험 후에 휴식을 취하려고 빛의 정령의 사원으로 돌아갔다.

p.178 "얘들아, 이것이 너희에게 인간은 모두 이 세상 모든 사람들에 대해 완전히 홀로 맞서야 한다는 것을 가르쳐 주겠지." 빛의 정령이 부드럽게 말했다. "그것을 절대로 잊지 마라."

# 작별 인사

p.179 아이들이 여행에 나선 지 몇 주 몇 달이 지나갔다. 빛의 정령은 최근에 아주 슬퍼했다. 빛의 정령은 동물들과 물건들에게 말 한 마디도 하지 않고 슬퍼하며 날짜를 세었는데, 그들은 그들에게 무슨 일이 일어날지 모르고 있었다.

p.180 마지막 날에 그들은 모두 사원의 정원에 나가 있었다. 빛의 정령은 그들을 지켜보며 서 있었고, 틸틸과 미틸은 그녀의 옆에 잠들어 있었다. 지난 열두 달 동안 많은 일들이 일어났다. 빵의 정령은 너무 많이 먹어서 이제 걸을 수 없었다. 이전만큼 헌신적인 우유의 정령은 휠체어에 앉은 빵의 정령을 밀어 주었다. 불의 정령은 모두와 싸워서 매우 외롭고 불행해졌다.

물의 정령과 설탕의 정령은 이제 결혼한 상태였다. 설탕의 정령은 날마다 점점 더 작아진 반면에 물의 정령은 더 이상 천진난만하거나 매력적이지 않았다. 고양이는 언제나처럼 거짓말쟁이로 남아 있었다. 틸로는 여전히 고양이를 몹시 싫어했다.

'가엾은 것들!' 빛의 정령은 생각했다. '그들은 여행을 하고 나의 사원에서 자기들 주변에 있는 모든 경이로운 것들을 아무것도 못 봤어. 그들은 싸우지 않으면 너무 많이 먹었어. 그들은 너무 어리석어서 자신들의 행복

을 즐길 수 없었고, 이제 그 행복을 잃어버릴 거야.'

p.181 그 순간 은색 날개가 달린 예쁜 비둘기가 빛의 정령의 무릎에 내려앉았다. 그 비둘기는 자신의 목에 쪽지가 달린 에메랄드 목걸이를 걸고 있었다. 비둘기는 요정 베릴룬으로부터 온 것이었다. 빛의 정령은 그 편지를 열어 보았다.

"1년이 지났다는 것을 기억하세요."라고 편지에 적혀 있었다.

그때 빛의 정령이 일어섰고 모든 것이 사라졌다.

몇 분 후에 일행 전체는 작은 문이 나 있는 높은 담 밖에 모였다. 틸틸과 미틸은 일어나서 깜짝 놀라 주변을 둘러보았다.

"뭐?" 빛의 정령이 틸틸에게 말했다. "저 담과 저 작은 문을 모르겠니?"

틸틸은 고개를 저었다. 틸틸은 아무것도 기억나지 않았다.

"이 담은 오늘로부터 우리가 꼭 1년 전 어느 저녁에 떠났던 집 주변에 있는 거야." 빛의 정령이 말했다.

p.182 "겨우 1년 전이라고요?" 틸틸이 소리쳤다. "우리가 엄마 근처에 있는 게 틀림없는 거네요! 저는 엄마에게 입을 맞추고 싶어요!" 그리고 기뻐서 손뼉을 치며 틸틸은 문으로 달려갔다.

하지만 빛의 정령은 틸틸을 제지했다. 빛의 정령은 너무 이르다고 말했다. 엄마와 아빠는 여전히 잠들어 있었고 틸틸이 그들을 깨워서는 안 된다는 것이었다.

"게다가 시간을 알리는 종이 칠 때까지는 문이 열리지 않을 거야." 빛의 정령이 덧붙여 말했다.

"무슨 시간이요?" 틸틸이 물었다.

"우리가 서로를 떠나는 시간." 빛의 정령이 슬프게 대답했다.

"뭐라고요!" 틸틸이 말했다. "저희를 떠나신다고요?"

"그래야 한단다." 빛의 정령이 말했다. "1년이 지났어. 요정이 와서 너에게 파랑새를 요구할 거야."

"하지만 저는 파랑새를 갖지 못했어요!" 틸틸이 소리쳤다. "추억의 나라의 파랑새는 검게 변했고, 미래의 나라의 파랑새는 날아가 버렸고, 밤의 궁전의 파랑새들은 죽었어요. p.183 묘지에 있던 새들은 파란색이 아니었고, 숲에서는 한 마리도 잡지 못했는걸요!"

"걱정 마라, 얘야." 빛의 정령이 말했다. "너는 최선을 다했어. 그리고 비록 파랑새를 찾지는 못했지만, 네 친절과 용기 때문에 그렇게 할 자격을 받을 만한 가치가 있단다."

빛의 정령은 구석에서 눈물을 흘리며 서 있는 동물들과 물건들에게 몸을 돌렸고, 와서 아이들에게 입을 맞추라고 말했다.

빵의 정령은 틸틸의 발치에 새장을 내려놓았다.

"나는 너희를 떠날 거야." 빵의 정령이 울면서 말했다. "너희는 더 이상 나를 살아 있는 형태로는 보지 못할 거야. 너의 눈은 눈에는 보이지 않는 물건들의 생명에 대해 눈을 감으려고 하고 있어. 하지만 나는 언제나 식탁 위의 수프 옆 빵 굽는 팬에 있을 거야. 나는 인간의 가장 충성스러운 벗이며, 가장 오랜 친구니까."

불의 정령이 앞으로 달려와 아이들을 붙잡고 그들에게 입을 맞추었다.

p.184 "오, 불의 정령이 나를 불태우고 있어!" 아이들은 고통으로 비명을 질렀다.

"나에게 그 자리에 입을 맞추게 해 주면 괜찮아질 거야." 물의 정령이 아이들에게 살살 다가가며 말했다.

"조심해." 불의 정령이 말했다. "젖을 거야."

"나는 다정하고 부드러워." 물의 정령이 말했다. "나는 인간들에게 친절하지."

"네가 익사시킨 사람들은 어쩌고?" 불의 정령이 물었다.

"우물을 사랑하고, 강물에 귀를 기울여 줘." 물의 정령이 말했다. "나는 항상 그곳에 있을 거야. 그들이 말하려고 애쓰는 것을 이해하려고 노력해 줘."

그때 물의 정령은 말을 중단해야 했는데, 눈물의 폭포가 그녀의 눈에서 떨어져 내렸기 때문이었다.

"물병을 보면 나를 생각해 줘……."

그때 설탕의 정령이 나왔다. 설탕의 정령은 더 이상 잘 걷지 못했다! 설탕의 정령은 몇 마디 슬픈 인사말을 하고 나서 말을 멈추었다. 설탕의 정령은 울고 싶지 않았다.

p.185 "틸레트와 틸로는 어디에 있지?" 틸틸이 물었다.

그 순간 고양이가 무시무시한 표정으로 달려왔다. 고양이의 털은 흐트러져 있었다. 고양이의 옷은 찢어져 있었고, 개가 그녀를 쫓을 때는 소리를 질렀다. 개는 고양이를 발로 차고 때렸다. 다른 이들이 그들 사이로 달려왔다. 고양이는 개가 자신의 꼬리를 잡아당기고 자신을 때렸다고 비난했다. 개는 자기는 그렇게 하지 않았다고 말했다.

"나는 계속해서 너와 싸우고 너를 때려 줄 거야!"

하지만 빛의 정령이 마지막으로 아이들에게 입을 맞추라고 말했을 때 개는 갑자기 말을 멈추었다.

"마지막으로요?" 가엾은 틸로가 말했다.

개는 너무나 슬퍼서 아무것도 이해할 수 없었다.

"그래." 빛의 정령이 말했다. "우리는 침묵의 상태로 돌아갈 거야."

p.186 개는 갑자기 울기 시작했고 아이들에게 자기 몸을 던졌다.

"안 돼요! 안 돼!" 개가 소리쳤다. "저는 언제나 말할 거예요! 그리고 아주 착하게 있을 거예요. 주인님은 저를 계속 데리고 계실 것이고, 읽고 쓰고 도미노 놀이를 하는 것을 배울 거예요! 그리고 저는 언제나 아주 깨끗할 거예요. 그리고 저는 다시는 부엌에서 아무것도 훔치지 않을 거예요."

개는 울고 애원하며 무릎을 꿇었다. 틸틸은 눈물이 가득 고인 채로 침묵을 지켰다. 틸로는 심지어 고양이에게도 입을 맞추려고 애썼다. 자기희생 정신을 가지고 있지 않은 틸레트는 미틸 뒤로 껑충 뛰었다.

"틸레트, 너는 아직 우리에게 입을 맞추지 않은 유일한 동물이야." 미틸이 순진하게 말했다.

"저는 두 분 다 사랑해요." 고양이가 말했다.

"그리고 이제 내가 마지막 입맞춤을 해 줄게." 빛의 정령이 말했다.

그런 다음 빛의 정령은 아이들 각자에게 길고 다정한 입맞춤을 해 주었다. 틸틸과 미틸은 빛의 정령에게 매달렸다.

p.187 "안 돼요, 빛의 정령님!" 아이들이 소리쳤다. "저희와 함께 이곳에 머무르세요! 아빠는 상관하지 않으실 거예요. 빛의 정령님께서 얼마나 친절하셨는지 엄마에게 말씀드릴게요. 혼자 어디로 가시려고요?"

"아주 멀리는 아니란다, 얘들아." 빛의 정령이 말했다. "저기로. 만물의 고요함의 나라로 갈 거야."

"안 돼요, 안 돼요." 틸틸이 말했다.

하지만 빛의 정령은 엄마다운 몸짓으로 아이들을 조용히 시키고 그들이 절대 잊지 못할 말을 해 주었다.

"잘 들어, 틸틸." 빛의 정령이 말했다. "잊지 마라, 얘야. 이 나라에서 네가 보는 모든 것은 시작도 없고 끝도 없단다. 네가 이것을 기억한다면 너는 무엇을 말하고, 무엇을 하고, 무엇을 바랄지 항상 알게 될 거야. 울지 마. 나는 물의 정령 같은 목소리를 가지고 있지 않아. p.188 나는 밝음만을 가지고 있는데, 인간들은 이해하지 못하지. 하지만 나는 인간을 지켜봐. 내가 모든 달빛, 모든 별, 모든 새벽, 모든 등불, 모든 밝은 생각 속에서 너에게 말을 걸고 있다는 것을 절대 잊지 마라……"

그 순간 오두막집에 있는 괘종시계가 8시를 쳤다.

"잘 있어!" 빛의 정령이 희미한 목소리로 말했다.

빛의 정령의 몸은 사라졌고, 그녀의 미소는 더 엷어졌으며, 그녀의 눈은 감겼다. 아이들은 자신들의 발에 묻든 엷은 빛줄기 외에는 아무것도 보지 못했다. 그러고 나서 아이들은 다른 이들에게 몸을 돌렸지만, 그들은 사라져 버렸다.

# 깨어남

p.189 나무꾼 틸 씨의 오두막집에 있는 괘종시계가 8시를 쳤다. 틸 씨의 두 아이들인 틸틸과 미틸은 여전히 그들의 작은 침대 속에서 잠들어 있었다. 틸 부인은 그들을 바라보고 있었다.

p.190 "아이들이 대낮까지 계속 자게 내버려둘 수는 없어." 틸 부인이 말했다. "자, 일어나!"

하지만 아이들을 흔들고 입을 맞추거나 그들에게서 담요를 끌어내도 소용이 없었다. 아이들은 자신들의 베개로 계속 쓰러졌다.

마침내 늑골을 가볍게 얻어맞은 후에 틸틸은 한쪽 눈을 떴다.

"빛의 정령님?" 틸틸이 말했다. "어디에 계세요?"

"빛의 정령이라니!" 틸 부인이 웃으며 말했다. "이런, 물론, 빛은 빛이지. 무슨 일이 있는 거니?"

"엄마!" 틸틸이 말했다. "엄마네요!"

"왜 나를 그런 식으로 쳐다보니?"

틸틸은 기뻤다! 엄마를 본 지 시간이 아주 오래 지났고 틸틸은 엄마에게 입맞춤을 하는 것이 전혀 지겹지 않았다.

틸 부인은 걱정되기 시작했다. 틸틸은 갑자기 요정 베릴룬과 물의 정령과 우유의 정령과 설탕의 정령과 불의 정령과 빵의 정령과 빛의 정령과 같이 했던 긴 여행에 관해 이야기하고 있었다. p.191 틸틸은 자신이 1년 동안 집에서 떠나 있었다고 생각했다.

"하지만 너는 방을 떠난 적이 없단다!" 이제는 무서워진 틸 부인이 소리쳤다. "오늘은 크리스마스야. 마을에서 나는 종소리가 들리지 않니?"

"물론 크리스마스죠." 틸틸이 말했다. "저는 1년 전 크리스마스 전날 밤에 떠났으니까요! 아주 슬퍼하셨어요? 그리고 아빠는 뭐라고 하셨어요?"

"너는 꿈을 꾸고 있구나!" 틸 부인이 말했다. "일어나서 옷을 입어라."

틸틸은 어머니가 겁먹은 얼굴로 자신을 계속 바라보는 동안 옷을 입기 시작했다.

"미틸에게 물어보세요!" 틸틸이 말했다. "저희는 대단한 모험을 했어요! 저희는 할아버지와 할머니를 봤어요. 그분들은 돌아가셨지만, 아주 잘 계세요. 그렇지 않니, 미틸?"

그리고 이제 깨어나기 시작한 미틸 역시 추억의 나라에 대하여 이야기했다.

p.192 이것은 틸 부인에게 너무 부담스러웠다. 틸 부인은 오두막집의 문으로 달려가 숲에서 일하고 있던 자신의 남편에게 소리쳤다.

"오, 여보!" 틸 부인이 소리쳤다. "제가 다른 아이들을 잃은 것처럼 이 아이들을 잃게 될 거예요."

틸 씨는 곧 손에 도끼를 든 채 오두막집에 들어왔다. 두 아이들이 자신들의 모험 이야기를 반복해서 말하는 동안 틸 씨는 아내의 우는 소리에 귀를 기울였다.

"보세요!" 틸 부인이 울며 말했다. "아이들이 흥분했어요. 달려가서 의사를 불러 오세요."

하지만 나무꾼은 아이들에게 입을 맞추고 차분하게 담뱃대에 불을 붙이고 아이들은 아파 보이지 않는다고 말했다.

그 순간 이웃 사람이 들어왔다. 그녀는 지팡이에 기대고 있는 작은 체구의 노부인이었고 요정 베릴룬과 아주 많이 비슷했다. 아이들은 즉시 그녀를 껴안았다.

p.193 "요정 베릴룬 님이시네요!"

귀가 잘 안 들리는 이웃 사람은 아이들이 하는 말을 무시했다.

"크리스마스 스튜를 만들려고 불을 좀 얻으러 왔어요." 이웃 여인이 말했다. "얘들아, 안녕."

한편 틸틸은 약간 생각에 잠기게 되었다. 틀림없이 틸틸은 늙은 요정을 다시 보게 되어 기뻤지만, 그녀가 자신에게 파랑새가 없다는 말을 들으면 뭐라고 말할까? 틸틸은 용기를 낼 것이었다.

"요정 베릴룬 님, 저는 파랑새를 찾지 못했어요."
"이 아이가 무슨 소리를 하고 있는 건가요?" 이웃 여자가 놀라서 물었다.
"자, 틸틸, 벨링고 부인을 모르겠니?" 엄마가 말했다.
"요정 베릴룬 님이세요." 틸틸이 말했다.
p.194 "베리…… 뭐?" 이웃 여자가 물었다.
"베릴룬이요." 틸틸이 차분하게 대답했다.
"벨링고란다." 이웃 여자가 말했다. "벨링고라는 의미겠지."
"베릴룬이든 벨링고든, 좋으실 대로요, 아주머니. 하지만 저는 제가 하는 말이 무엇인지 알아요." 틸틸이 대답했다.
"우리는 이 짓을 그만두게 해야 해." 아빠가 말했다. "아이들을 한두 대 때려 줘야겠어요."
"그러지 마세요." 이웃 여자가 말했다. "그럴 일은 아니에요. 아이들은 꿈을 꾸고 있는 거예요. 달빛을 받으며 잠을 잔 것이 분명해요. 제 딸아이도 종종 그런답니다."
틸 부인은 벨링고 부인의 어린 딸의 건강에 대해 물어보았다.
"그냥 그저 그래요." 이웃 여인이 고개를 저으며 말했다. "일어나지를 못해요. 저는 무엇이 딸아이를 치료할지 알고 있어요. 딸아이는 자신의 크리스마스 선물을 요구하고 있어요."
이웃 여인은 약간 주저하고 틸틸을 바라보았다.
p.195 다른 사람들은 조용히 서로를 바라보았다. 그들은 이웃 여인의 말이 무엇을 의미하는지 알았다. 그녀의 어린 딸은 언제나 틸틸이 자신에게 그의 비둘기를 주면 딸이 건강해질 것이라고 말했다. 그러나 틸틸은 비둘기를 너무 좋아해서 그 새를 그녀에게 주지 않았다.
"저기, 네 새를 그 가엾은 어린아이에게 주지 않겠니?" 엄마가 말했다. "그 아이가 그토록 오랫동안 그 새를 갖고 싶어 했잖니!"
"제 새요!" 틸틸이 소리쳤다. "그 새는 실제 존재하는 것이고, 저는 그 새에 관해 잊고 있었어요! 미틸, 새장이 보이니? 빵의 정령이 가지고 온 새장 말이야? 물론 저는 그 새를 그 아이에게 줄 거예요."
그런 다음 틸틸은 놀라서 말을 멈췄다.
"이런, 새가 파랗다!" 틸틸이 말했다. "내 비둘기가 내가 없는 동안 파랗게 변했어! 우리가 찾고 있던 파랑새야! 우리가 그토록 많은 거리를 돌아다녔는데, 새가 항상 이곳에 있었다니! p.196 미틸, 새가 보이니? 빛의 정령님이 뭐라고 말씀하실까? 저기요 벨링고 부인, 빨리 그 아이에게 가지고 가세요."

"보이죠?" 틸 부인이 소리쳤다. "아이가 이상해지고 있어요!"

한편 벨링고 부인은 함박 미소를 지으며 틸틸에게 고마워했다. 틸틸이 벨링고 부인에게 새를 줄 때 그녀는 틸틸을 자신의 품 안에 안아 주며 기쁨의 눈물을 흘렸다.

"그 새를 나에게 주는 거니?" 벨링고 부인이 계속해서 말했다. "맙소사, 딸아이가 얼마나 좋아할까! 딸아이가 뭐라고 말하는지 말해 주러 곧 돌아오마."

"네, 네, 빨리 가세요." 틸틸이 말했다. "새들 중 일부는 자기 깃털 색깔을 바꿔요!"

벨링고 부인은 달려 나갔고, 틸틸은 그녀 뒤에서 문을 닫았다. 그런 다음 틸틸은 몸을 돌려 오두막집의 벽을 바라보았다.

"아빠, 엄마, 집에다 무슨 일을 하신 거예요?" 틸틸이 물었다. "훨씬 더 예뻐졌어요."

p.197 틸틸의 부모는 어리둥절해서 서로를 바라보았다.

"네, 모든 것이 페인트칠 되고 새롭게 보이게 만드셨잖아요. 모든 것이 깨끗해요. 창밖의 숲을 보세요! 참 크고 아름다워요! 참 기분이 좋아요."

나무꾼과 그의 아내는 아들을 이해할 수 없었다. 그의 꿈에서 요정 베릴룬이 틸틸에게 다이아몬드를 준 이유가 있었다. 틸틸은 자기 주변에 있는 것들의 아름다움을 보는 것을 배운 것이었다. 틸틸은 파랑새를 쫓는 동안 그를 씩씩하게 만들어 준 시험들을 통과했었다. 틸틸은 친절해졌다. 다른 사람들에게 즐거움을 준다는 생각은 틸틸의 마음을 기쁨으로 가득 채웠다.

모든 것이 더 아름다워졌다고 생각할 때 틸틸의 그 생각은 맞았다. 이제 틸틸의 마음이 열려 있기 때문에, 모든 것이 전보다 더 나아 보였다. 한편 틸틸은 계속해서 오두막집을 둘러보고 있었다. p.198 틸틸은 빵에게 친절한 말을 했다. 틸틸은 틸로에게 달려갔는데, 틸로는 자신의 개집 안에서 자고 있었다. 틸틸은 숲에서 틸로가 했던 훌륭한 싸움에 대해서 그에게 축하의 말을 해 주었다. 미틸은 틸레트를 쓰다듬어 주었는데, 틸레트는 화덕 옆에서 자고 있었다.

"저기, 틸레트?" 미틸이 말했다. "너는 나를 알아, 나는 알지만, 너는 말하는 것을 중단했구나."

그때 틸틸이 손을 자신의 이마에 대었다.

"다이아몬드가 사라졌다! 상관없어, 나는 더 이상 그것을 원하지 않아! 아, 불의 정령이 있구나! 안녕!" 틸틸은 개수대로 달려가서 물을 틀었다. "안녕, 물의 정령아! 물의 정령이 뭐라고 하는 거지? 물의 정령은 아직도 말을 하고 있기는 하지만, 나는 전처럼 알아듣지를 못하겠어. 오, 나는 참 행복해!"

"나도 그래!" 미틸이 소리쳤다.

그리고 우리의 두 어린 친구는 손을 잡고 부엌에서 놀았다.

틸 부인은 아이들이 활기 넘치는 것을 보고 다소 안심했다. p.199 게다가 틸 씨는 아주 차분했다. 틸 씨는 앉아서 자신의 포리지를 먹고 웃고 있었다.

"보이지, 아이들은 행복하게 놀고 있잖아!" 틸 씨가 말했다.

"나는 모두들 중에서 빛의 정령님이 제일 좋아." 틸틸이 창가에 서서 미틸에게 말했다. "너는 숲 속의 나무들 사이로 저곳에 있는 빛의 정령님을 볼 수 있어. 오늘 밤 빛의 정령님은 등불 안에 계실 거야. 오, 이런, 모두 정말로 아름답구나!"

틸틸은 말을 멈추고 귀를 기울였다. 틸틸은 웃음소리와 즐거운 목소리를 들었다.

"빛의 정령님의 목소리다!" 틸틸이 소리쳤다. "제가 문 열어 드릴게요!"

사실 그것은 자기 어머니인 벨링고 부인과 함께 있는 어린 여자아이였다.

"저 아이를 보세요." 벨링고 부인이 기뻐하며 말했다. "저 아이는 달릴 수 있어요, 춤을 출 수 있어요. 새를 보았을 때 저 아이는 껑충 뛰었어요!"

p.200 아이들은 손뼉을 쳤고 모두 웃었다. 어린 여자아이가 긴 잠옷을 입고 부엌 한가운데 서 있었다. 소녀는 그토록 오랜 기간 동안 앓아 누웠다가 일어서 있게 된 것에 다소 놀랐다. 소녀는 미소를 지었고 틸틸의 비둘기를 가슴에 꼭 끌어안았다.

틸틸은 먼저 그 아이를 보고 다음에는 미틸을 쳐다보았다.

"빛의 정령님과 아주 비슷하다고 생각하지 않니?" 틸틸이 물었다.

"이 아이가 훨씬 더 작네." 미틸이 말했다.

"하지만 이 아이는 클 거야!"

그리고 부모님들이 안도하는 동안 세 아이들은 새에게 먹이를 주었다.

비둘기는 절대로 색깔이 바뀐 것이 아니었다. 새를 더욱 아름다워 보이게 한 것은 기쁨과 행복이었다. 틸틸은 빛의 정령의 커다란 비밀을 발견한 터였다. 다른 사람들에게 우리의 행복을 주고자 할 때 우리는 더 행복해진다.

p.201 하지만 지금 무슨 일이 일어났다. 모두 흥분했고, 아이들은 비명을 질렀고, 부모들은 팔을 벌리고 열린 문으로 달려갔다. 새가 갑자기 달아난 것이었다! 새는 가능한 한 빠르게 날아가 버렸다.

"내 새!" 어린 여자아이가 소리쳤다.

하지만 틸틸은 가장 먼저 계단으로 달려갔고, 의기양양하게 돌아왔다.

"괜찮아!" 틸틸이 말했다. "울지 마! 새는 아직 집 안에 있고 우리는 다시 새를 찾게 될 거야."

그리고 틸틸은 이미 눈물을 비치며 미소를 짓고 있는 여자아이에게 입을 맞추어 주었다.

"확실히 새를 다시 잡을 거지, 그렇지?" 소녀가 물었다.

"나를 믿어. 새가 어디에 있는지 이제 나는 알아."

사랑하는 나의 독자들인 여러분들 역시 이제 파랑새가 어디에 있는지 안다. 사랑하는 빛의 정령이 아이들에게 착하고 친절하고 관대해지는 것을 가르치며 행복에 이르는 길을 보여 주었다.

p.202 진실은 우리가 스스로 시험해 보지 않는다면 무용지물이다. 아이에게 세상의 모든 지혜를 들려주는 데에는 잠깐이면 되지만, 우리의 전 생애는 우리가 그것을 이해하는 데 도움이 될 만큼 길지 않다. 우리 자신의 지식이 우리 자신의 유일한 빛이다.

우리 각자는 스스로 행복을 찾아야 한다. 사람은 자신이 이미 가지고 있는 근사한 것들을 사랑함으로써 행복해지기 전에는 끊임없이 노력하고 슬픔에 직면해야 한다.